Stay in Tune!

Über den Autor:
Stefan Weckbach spielt seit über 30 Jahren sowohl klassische als auch E-Gitarre und nahm in beiden Bereichen Unterricht. Sein beruflicher Hintergrund ist Diplom-Medientechniker (FH) mit Schwerpunkten sowohl im Bereich der Technik als auch der Gestaltung. Sein Interesse für Gitarrentechnik und Musiktheorie hat sich im Laufe seines musikalischen Werdegangs stetig weiter entwickelt.

Stefan Weckbach

Stay in Tune!

Wie und warum eine Gitarre intoniert werden muss

© 2013 Stefan Weckbach

Herstellung und Verlag: BOD – Books on Demand GmbH, Norderstedt

Abbildung Buchcover: Quintenzirkel, © Brylie Oxley, Wikimedia Creative Commons Lizenz, lizenziert unter GNU-Lizenz für freie Dokumentation CC BY-SA 3.0, Unported. URL: http://commons.wikimedia.org/wiki/File:CircleOfKeys.svg. Abbildung Buchrückseite: Ovation 1, © bgvjpe, Flickr. Wikimedia Creative Commons Lizenz, lizenziert unter GNU-Lizenz für freie Dokumentation CC BY 2.0, Unported. URL: http://www.flickr.com/photos/bgvjpe/2092254073/in/photostream/.

ISBN: 978-3-7322-3138-6

Bibliografische Informationen der Deutschen Nationalbibliothek

Die Deutsche Nationalbibliothek verzeichnet diese Publikation in der Deutschen Nationalbibliografie; Detaillierte bibliografische Daten sind im Internet über < http://www.dnb.de > abrufbar.

Inhalt

Kapitel 3

Kapitel 4

Begleitwort

Viele Gitarristen können über das vollständige Stimmigmachen (Intonieren) ihrer Gitarre im wahrsten Sinne des Wortes ein Lied singen, – allerdings nur ein trauriges.

Unter der *Intonation* einer Gitarre versteht man weit mehr als nur das bloße Stimmen der 6 Leersaiten, wie es vielfach in populären Gitarrenbüchern empfohlen wird. Vor allem versteht man unter Intonation nicht das bloße Stimmigmachen der Leersaiten untereinander, welches ohne Bezug zu einer genormten Frequenz ausgeführt wird. Die Intonation beispielsweise einer E-Gitarre umfasst neben der Referenz auf den westlichen Kammertonstandard auch die korrekte Berücksichtigung des verwendeten Saitenmaterials und dessen physikalische Eigenschaften, die konsistenten Einstellungen an Kopfmechaniken, Sattel, Hals und Steg, den Zustand der Bünde, die Einstellung der Oktavreinheit und das Feinstimmen diverser gegriffener Töne an verschiedenen Bünden über das gesamte Griffbrett hinweg. Wenn man über alle Bünde einschließlich eventuell erklingender Leersaiten und über sämtliche 12 Tonarten verstimmungsfrei spielen möchte, müssen – und das ist ganz wichtig! – all diese Faktoren ausgerichtet werden auf die in der Gitarre bereits durch ihre Bundanordnung angelegte Stimmung. Diese nennt man im Fachjargon gleichschwebend temperierte Stimmung, und auf eben diese hin *muss* intoniert werden. Ist die Gitarre indessen nicht bundrein, sitzen Bünde also an einer anderen Stelle, als es mathematisch durch die gleichschwebend temperierte Stimmung gewollt ist, nützt die ganze Intonation wenig. Es bedarf allerdings keinesfalls nur falsch gesetzter Bünde, wenn eine Gitarre auch beim besten Willen nicht in sich stimmig wird. In diesem Buch werde ich Ihnen erklären, *was* dazu führt, dass Ihre Gitarre nicht so klingen mag, wie Sie es von Rock-, Pop-, U- und E-Musik-Aufnahmen gewohnt sind.

Ein weiterer Aspekt korrekter Intonation bezieht sich auf den Zusammenklang mit anderen Instrumenten. Wenn eine Gitarre in sich nicht richtig intoniert ist, wie soll sie dann mit anderen Instrumenten, beispielsweise einem Keyboard, einem Klavier, einer zweiten Gitarre und/oder einem Bass, harmonieren? mögen sich viele Gitarristen fragen, und sie haben mit dieser Frage vollkommen Recht. Wenn Sie dieses Buch bis zum Schluss gelesen haben, werden Sie neben dem richtigen Intonieren auch verstehen, warum man einen Gitarristen – ob Akustik- oder E-Gitarrist – einmal daran erkannte, dass er ständig sein Instrument nachstimmte. Dies lag nicht nur daran, dass sich Gitarrensaiten mit der Zeit unter mancherlei Material- und Umwelteinflüssen verstimmen, sondern insbesondere am komplexen Themenfeld Intonation, welches von den meisten Anwendern eher gemieden wird und mit dem auch professionelle Gitarrenbauer kämpfen. Auf diesem Gebiet lauern Tücken, die erst gründlich durchdacht werden wollen, ehe man allgemeine Schlussfolgerungen aus ihnen ziehen und geeignete Gegenmaßnahmen treffen kann. Dies freilich ist zeitaufwendig.

Fragmentarische Informationen zum Thema Intonation wurden schon immer überwiegend mündlich unter Bandmitgliedern, Gitarrenlehrern und ihren Schülern oder Musikerkollegen weitergeben. Dies führte jedoch aufgrund der Komplexität der Zusammenhänge in nicht wenigen Fällen zu Verwirrung, unrichtiger, jedenfalls unzulänglicher Information – und infolgedessen zu falschen Schlussfolgerungen, denen zwangsläufig falsche Intonationsstrategien für das Instrument Gitarre folgten.

Als Beispiel sei nur die in vielen populären Gitarrenbüchern empfohlene Stimmmethode des Anreißens von gleichen Flageoletttönen am 5. und 7. Bund erwähnt. Dies wird gemacht, um die Leersaiten untereinander *nach Gehör* konsistent feinzustimmen. In Wirklichkeit jedoch stimmt man mit dieser Methode nicht sein Instrument, sondern *verstimmt* es. Das liegt daran, dass die natürliche Obertonfolge nicht mit der Tonfolge der durch die Bundpositionen zu bezweckenden Tonhöhen identisch ist. Denn eine handelsübliche Gitarre, ob E- oder Akustikgitarre, folgt mit ihrer Bundanordnung einer gleichmäßigen Oktaveinteilung, nämlich der bereits erwähnten gleichschwebend temperierten. Die natürliche Obertonfolge jedoch hat eine andere Oktaveinteilung. Will man die offenen Saiten konsistent stimmen, kann man zwar die Flageolettöne am 5. und 7. Bund verwenden, doch müssen dann mit einem gleichschwebend temperierten Stimmgerät die Höhen dieser Töne kontrolliert werden – oder man zählt Beats. Letzteres ist jedoch genau das, was der Anwender vermeiden möchte oder aber auch gar nicht kennt. Er will ja, nach hoffentlich anfänglich richtig eingestellter Referenzfrequenz, die Gitarre lediglich noch einmal nach Gehör und ohne viel Aufwand in sich feinstimmen – aber erreicht damit das Gegenteil. Dieses Buch erklärt Ihnen sowohl die bautechnischen, physikalischen als auch die tonalen Zusammenhänge, welche zu beachten sind, um eine Gitarre der gleichschwebend temperierten Stimmung gemäß zu intonieren und sich damit die Freude am täglichen Musizieren zu erhalten.

Während die in diesem Buch aufgezeigten tonalen und physikalischen Zusammenhänge auch für Akustikgitarren gelten, sind die bautechnisch begründeten Möglichkeiten für eine detailliertere Intonation überwiegend der E-Gitarre vorbehalten. Nur mit einigen technischen Änderungen am Instrument und/oder der Hilfe eines erfahrenen Gitarrenbauers kann man diese Zusammenhänge auch in eine Akustikgitarre einbringen. Viele Erkenntnisse, die Ihnen dieses Buch vermittelt, lassen sich dennoch praxisnah auch für die Intonationsverbesserung Ihrer Akustikgitarre verwenden.

Das Stimmen einer Gitarre ohne Niederdrücken der Saiten auf die Bünde des Griffbretts – dem gleichschwebend temperierten Tonsystem einer jeden traditionell gefertigten Gitarre – und ohne (richtig eingestelltes) Stimmgerät macht, wenn überhaupt, nur Sinn nach erfolgter Stegkompensation und mit der Methode des Beat-Zählens. Was sich hinter diesem Begriff verbirgt und zu was dies gut sein soll, erfahren Sie ebenfalls in diesem Buch. Doch zunächst – und um Ihnen die Vertracktheit des richtigen Intonierens besser vor Augen zu führen – zur Stegkompensation: Was ist eigentlich eine Stegkompensation und warum braucht man sie?

Mancher Leser wird vielleicht an dieser Stelle ungeduldig „Genug, genug!" rufen, „nennen Sie uns doch einfach die Methode, wie man Beats zählt, und das Problem hat sich erledigt. Wozu denn ein ganzes Buch über das Gitarrenstimmen lesen?" Die Antwort ist einfach: Das Intonieren besteht aus mehreren logischen Schritten, das Beat-Zählen kann lediglich eine kleine Hilfe zur Grobeinstellung sein, mehr leider nicht.

Allgemein gilt, dass alle Stimmmethoden, die sich gegriffener oder auch nicht gegriffener Töne an beliebigen Bundpositionen bedienen, erst zum Erfolg führen, wenn im Vorfeld eine bei gegriffenen Saiten zusätzliche und störende Tonhöhenveränderung kompensiert worden ist. Eine solche Veränderung wird durch zwei unterschiedliche physikalische Sachverhalte verursacht. Sie wird mit dem Einstellen der Oktavreinheit einer Gitarre zunächst grob beseitigt. Der erste physikalische Sachverhalt ist, dass vor allem jene Saiten mit großem Kerndurchmesser (üblicherweise die umwickelten Saiten E, A und D sowie die blanke g-Saite) aufgrund ihrer ausgeprägten Quersteifigkeiten erst kurz vor den Auflagepunkten zu schwingen anfangen. Dieser Umstand verändert jedoch die effektiv schwingende Saitenlänge und damit auch die tatsächliche Tonhöhe der Leersaite. Die Kompensation erfordert daher einen etwas veränderten Auflagepunkt für diese Saiten am Steg, als nach der Griffbrettaufteilung vorgesehen ist, um jene Tonhöhen zu produzieren, die entsprechend dieser Einteilung konsistent mit den gegriffenen Tönen der anderen Saiten sein sollen. Wohl also demjenigen, der mit seiner Gitarre einzeln verstellbare Saitenreiter auf dem Steg zur Veränderung der Auflagepunkte eingekauft hat. Diese Ausstattung ist leider bei Konzert- und Westerngitarren äußerst selten, bei den meisten E-Gitarren aber etablierter Standard. Die Kompensation dieses ersten physikalischen Sachverhaltes wird also üblicherweise am Steg einer mit Saitenreitern ausgestatteten Gitarre eingestellt.

Der zweite physikalische Sachverhalt ist das Niederdrücken einer Saite. Dadurch spannt sich diese und wird zugleich durch die Dehnung etwas länger, als sie im nicht gedrückten Zustand ist. Unser Schulwissen sagt uns, dass eine Saite bei gleicher Spannung und gleicher Dicke umso tiefer klingt, je länger sie zwischen ihren Auflagepunkten ist. Dieses Wissen sagt uns aber auch, dass eine Saite umso höher klingt, je größer ihre Spannung bei gleicher Länge und Dicke ist. Auch die Kompensation dieses Tonhöhenfehlers durch Niederdrücken von Saiten wird für eine E-Gitarre an der Stegauflage eingestellt, und in diesem Buch erfahren Sie, wie Sie dabei vorgehen. Zudem werden Sie lesen, was Sie tun können, wenn Sie eine Akustikgitarre ohne verstellbare Saitenreiter am Steg besitzen.

Diese Fakten einschließlich der oben genannten falschen Stimmmethode haben schon manchen Gitarristen nach der eigenhändigen Gitarrenverstimmung durch die erwähnte falsche 5./7.-Bund-Flageolettmethode (ohne Beat-Zählen) dazu verleitet, durch Greifen eines bestimmten offenen Akkordes (am 1. und 2. Bund) seine Gitarrenstimmung zu retten, beispielsweise mit Hilfe des E-Dur-Akkordes und der Feinjustierung bestimmter Saiten innerhalb desselben. Dieses Bemühen, die Saiten wieder in Stimmung zu bringen, ist aber ebenfalls zum Scheitern verurteilt. Bei genauerer Betrachtung, die wir in diesem Buch auch ausführen werden, ist diese Methode derart fatal, dass der Autor vermutet, sie ist der Hauptgrund dafür, dass so viele Gitarrenanfänger vorschnell aufgeben und unzählige Gitarren auf dem Gebrauchtwarenmarkt landen, – wenn sie nicht gar aus dem Fenster geworfen werden oder beim Sperrmüll enden. Diesbezüglich versteht sich dieses Buch auch in weiten Teilen als konstruktiver Beitrag zur westlichen Musikkultur.

Ganz zweifellos muss man an dieser Stelle zur Entlastung der Gitarristen aber auch feststellen, dass bei weitem nicht alle handelsüblichen Gitarren bundrein, deren Sattel- und Stegpositionen nicht immer korrekt sind und auch die mechanischen Bauteile nicht so zuverlässig funktionieren, wie es für eine sinnvolle Intonation notwendig ist. Deshalb ist es von enormem Vorteil für jeden Käufer einer – gebrauchten oder neuen – Gitarre, zu wissen, welche Parameter dieses Instrumentes vor dem Kauf sorgfältig begutachtet werden müssen. Will man sicher gehen und besitzt das benötigte Kleingeld, so empfiehlt sich der Gang zum professionellen Gitarrenbaumeister, der jedem seine persönliche Wunschgitarre zu bauen vermag. Allerdings sei angemerkt, dass diese Wunschgitarre nur für einen bestimmten Satz Saiten ohne viel Zeitaufwand sehr gut intoniert werden kann. Für alle anderen bleibt die Erkenntnis, dass es viele unzureichend ausgestattete Gitarren auf dem Markt gibt und ein steter Konflikt besteht zwischen den marktwirtschaftlichen Interessen der Massenhersteller und den Interessen der Musikliebhaber.

Gehen wir davon aus, dass der Leser bereits eine Gitarre in Händen hält mit allen üblichen bautechnischen Maßnahmen für eine gute Intonation, so genügt das allein nicht, aus dem Teufelskreis des Missintonierens herauszukommen. Es gelingt jedenfalls dann nicht, wenn der Leser nach dem Verstimmen seiner Leersaiten versucht, seine Akkorde am 1. Bund konsistent nachzustimmen, vielleicht durch ein Anpassen des gegriffenen gis auf der g-Saite. Ob die Leersaiten vorher verstimmt waren oder nicht, ist dabei unerheblich, denn das Nachjustieren einzelner Akkorde eignet sich bis auf wenige Ausnahmen nicht für das Intonieren einer Gitarre. Dass dies so ist, hat mehrere Gründe, die in Wechselwirkung miteinander stehen. Ich will einen derselben hier nur andeuten. Die Aufteilung des Griffbretts gemäß der gleichschwebend temperierten Stimmung ist ein Kompromiss aus zwei Grundbedürfnissen: dem nach problemlosen Wechseln in entferntere Tonarten während eines musikalischen Vortrags, wie es mit dem wohltemperierten Klavier möglich ist, und zwar ohne die Gitarre vorher umstimmen zu müssen, und dem nach möglichst reinen Intervallen, sprich kleinen ganzzahligen Frequenzverhältnissen bei mehreren zusammen erklingenden Tönen. Beides gleichzeitig haben zu wollen, ist ein Widerspruch in sich, da die natürliche Obertonfolge außer den niederen Oktaven leider keine gleichstufigen Intervallverhältnisse zwischen den Obertönen beinhaltet.

Jeder Neuling des Gitarrenspiels wird daher früher oder später feststellen, dass bei wohlklingendem Tuning beispielsweise des E-Dur-Akkordes nach Gehör nun alle anderen offenen Akkorde, die einen mehr, die anderen etwas weniger, störend schräg klingen. Tuned man aber nicht den E-Dur-, sondern beispielsweise den C- oder D-Dur-Akkord wohlklingend nach Gehör, klingen zumeist alle anderen verbliebenen Akkorde nicht mehr sauber, einschließlich des E-Dur-Akkordes. In diesem Fall liegt die Unstimmigkeit nicht am mangelnden musikalischen Gehörsinn des Gitarristen, sondern an den angedeuteten Wechselwirkungen, die später noch weiter aufgezeigt werden. Alle Akkorde gleichzeitig auf die eben beschriebene Weise wohlklingend machen zu wollen, ist leider unmöglich. Beispielsweise dient das gis auf der g-Saite im 1. Bund dem E-Dur-Akkord als große Terz, aber auch der A-Dur- und andere Akkorde benötigen die g-Saite, jedoch für jeweils andere Intervalle. Wird daher eine Saite für ein bestimmtes Intervall eines Akkords so intoniert, dass dieser wohlklingend ist, stimmen automatisch Intervalle anderer Akkorde, die auf diese Saite zurückgreifen, nicht mehr. Man verstimmt also mit dieser Methode einmal mehr andere Akkorde! Wie hier Abhilfe zu schaffen ist, erfahren Sie im vorliegenden Buch, und zwar auf eine logisch konsistente, verständliche Weise. Dass es überhaupt dazu kommen kann, dass beispielsweise die g-Saite am 1. Bund nicht sauber klingen will, liegt am erwähnten System der gleichschwebend temperierten Stimmung, einem Kompromiss aus reiner Stimmung und dem musikalischen Bedürfnis nach beliebigen Tonartenwechseln auf dem Griffbrett.

Lieber Leser, am Ende dieses Buches werden Sie alles wissen, was Sie benötigen (und einiges mehr), um die Intonationsprobleme Ihrer Gitarre im umgekehrten Sinne des Wortes erfolgreich aus dem Griff zu bekommen (aus allen Gitarrengriffen!). Sorgen Sie sich daher nicht und bleiben Sie in Stimmung, ich werde noch genau erklären, was Bezeichnungen wie Kammerton, offener Akkord, Obertonfolge, gleichschwebend temperierte Stimmung, reine Stimmung, Intonation, Oktaveinteilung, Intervalle und Beat-Zählen für Sie, Ihre persönliche Stimmung und jene Ihres Instruments bedeuten. Mit diesem Wissen wird dann auch für Sie Schluss damit sein, über die Verstimmung Ihrer Gitarre mit eben dieser lediglich ein schräges Lied singen zu können. Denn dann werden Sie aus dem Circulus vitiosus heraus- und hoffentlich sehr rasch in den viel angenehmeren Circulus virtuosus eintreten.

Solcherart mit geballtem Praxis-Know-how ausgerüstet, wünsche ich Ihnen viel Freude mit Ihrem neu eingestellten Instrument und beim Musizieren allgemein.

Stay in Tune – bleiben Sie allzeit in Stimmung!

Stefan Weckbach

Was den Leser in diesem Buch erwartet

Dieses Buch orientiert sich an einem einfachen roten Faden, der aus folgenden Kapiteln besteht, die hier für einen ersten Überblick grob skizziert werden:

1. Die Technik und Ihre Wirkungsweise
2. Das westliche Tonsystem, dessen Aufbau, Sinn und Zweck
3. Die Analyse, wie die beiden ersten Punkte zusammen die bekannten Intonationsprobleme verursachen
4. Die verschiedenen Strategien, um diese Intonationsprobleme zu beseitigen

1. Die Technik und Ihre Wirkungsweise

Da jedes Musikinstrument aus physikalischen Bauteilen besteht und diese daher auch den Gesetzen der Physik und deren Grenzsetzungen unterliegen, ist es unerlässlich, dass ich Ihnen zunächst die einzelnen Bauteile einer Gitarre und deren Funktionsweise erläutere. Wer nicht weiß, wie sich diese Bauteile physikalisch verhalten, kann auch nicht nachvollziehen, warum eine Gitarre just jene Töne und deren Höhen produziert, die als überaus störend empfunden werden.

2. Das westliche Tonsystem, dessen Aufbau, Sinn und Zweck

Nach der Diskussion der Bauteile bedarf es eines intensiveren, aber spannenden Ausfluges zu Sinn und Zweck unseres westlichen Tonsystems. Dies ist deshalb erforderlich, um die Gründe für die gleichschwebend temperierte Stimmung der Gitarre nachvollziehen zu können. Erkennen wird der Leser damit auch die Unterschiede zur reinen Stimmung, die den Gitarristen manchmal verführt, sein Instrument nach eben dieser zu intonieren – was jedoch aus physikalischen Gründen nie gelingen kann.

3. Die Analyse der Intonationsprobleme

Wenn Sie den vorherigen Part gelesen haben, werden Sie bereits verstehen, wo die Knackpunkte beim sauberen Intonieren einer Gitarre liegen. Sie können sich also auf diesen dritten Teil des Buches freuen, in dem ich darlege, wie die Probleme unseres westlichen Tonsystems und die physikalisch-bautechnischen Ihrer Gitarre zusammen jenes Stimmungstief verursachen, von dem kein Gitarrist je verschont blieb. Dieses Kapitel wird die noch lose herunterhängenden roten Fäden zusammenführen, so das Sie den Blick auf das Wesentliche freigeben.

4. Wie es richtig geht!

Der letzte Teil des Buches widmet sich der Behebung der vorher analysierten Problemfelder und geht dabei wiederum sehr strukturiert vor. Folgende Themen sind für den Musiker von Belang:

- Das Stimmigmachen einer einzelnen Saite in Bezug auf das Griffbrett
- Das Stimmigmachen aller Saiten untereinander
- Das Feintuning, insbesondere zwischen gegriffenen Saiten und Leersaiten
- Das Stimmigmachen der Gitarre für das Zusammenspiel mit anderen Instrumenten

Kapitel 1   <u>Die Technik und Ihre Wirkungsweise</u>

➡   **1.1   Die Mechaniken auf der Kopfplatte**

1.2   Der Sattel am Beginn des Griffbretts

1.3   Der Gitarrenhals und seine Besonderheiten

1.4   Die Materialeigenschaften von Gitarren–
saiten

1.5   Der Steg auf dem Korpus der Gitarre

1.1 Die Mechaniken auf der Kopfplatte

Als Kopfplatte bezeichnet man den Gitarrenabschnitt oberhalb des Gitarrenhalses. Auf ihr befinden sich die Mechaniken, in die die Saiten eingefädelt und aufgewickelt werden. Die Kopfplatte ist in der Regel leicht nach hinten geneigt, damit die Saiten straff und bündig in den Sattelkerben aufliegen und beim Tremolieren nicht aus diesen herausspringen können. Es gibt jedoch auch Kopfplatten, die nicht nach hinten geneigt sind. In der Regel haben diese dann Saitenniederhalter installiert, die die gleiche Aufgabe erfüllen sollen wie die Neigung einer Kopfplatte nach hinten. Allerdings verursachen solche Saitenniederhalter zusätzliche Reibung, insbesondere beim Stimmen der dicken, umwickelten Saiten. Dies kann sich im Zusammenhang mit falsch

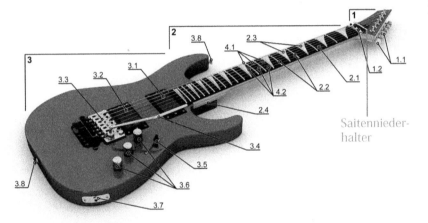

Abbildung 1 Schematische Darstellung der Bauteile einer E-Gitarre (basierend auf ESP KH Model)

1. Kopfplatte:
   1.1 Stimmmechaniken
   1.2 Sattel

2. Gitarrenhals:
   2.1 Griffbrett
   2.2 Bünde
   2.3 Inlay
   2.4 Inlay Obertonmarken
   2.5 Halsverbindung

3. Korpus:
   3.1 „Hals"-Tonabnehmer
   3.2 „Steg"-Tonabnehmer
   3.3 Brücke
   3.4 Tremolo-Arm
   3.5 Tonabnehmer-Wahlschalter
   3.6 Lautstärke- und Tonhöhenregler
   3.7 Aufnahme für Klinkenstecker
   3.8 Gurtbefestigung

4. Saiten:
   4.1 Basssaiten
   4.2 Diskantsaiten

aufgezogenen Saiten verstimmungsrelevant bemerkbar machen. Der Übersicht halber zeigt Abbildung 1 eine schematische Darstellung der Bauteile einer E-Gitarre.

Das korrekte Aufziehen der Saiten ist ein erster Punkt, um Stimmprobleme während des Spiels zu vermeiden. Dabei ist unbedingt darauf zu achten:

A) Die Saite sollte nur zirka 2-3 mal um den Wickelzapfen gewunden werden. Denn je mehr Saitenwicklungen um diesen Zapfen gehen, desto mehr dehnbares Material kann mit der Zeit durch seine Überdehnung die Gitarre nach unten verstimmen. Man bedenke, dass auf jede Saite im hochgestimmten Zustand permanent je nach Materialstärke zwischen 6 und 10 kg Zuggewicht einwirken. Die umwickelte Saite reagiert darauf mit Dehnung und somit Verstimmung. Eine Ausnahme von diesem Sachverhalt ist nur bei verschraubbaren Sätteln gegeben, die wir im nächsten Abschnitt kennenlernen werden.

Abbildung 2 Der rote Pfeil zeigt auf ein zu kurzes Saitenende, welches nicht mit umwickelt wurde. Es besteht die Gefahr, dass sich die Saite lockert. *Quelle: Flickr, © Autor chloester. Wikimedia Creative Commons Lizenz, lizenziert unter GNU-Lizenz für freie Dokumentation CC BY-SA 2.0, Attribution Share Alike 2.0, Unported. URL: http://www.flickr.com/photos/etherealdawn/46 44682259/in/photostream/.*

Abbildung 3 Locking-Mechaniken auf einer PRS E-Gitarre. Die Saiten werden durch eine Öse gesteckt und dann festgeklemmt. Schön zu sehen sind auch der Sattel sowie die Abdeckplatte über der Halseinstellschraube. *Quelle: Flickr, © Autor Roadside Guitars. Wikimedia Creative Commons Lizenz, lizenziert unter GNU-Lizenz für freie Dokumentation CC BY-SA 2.0, Attribution Share Alike 2.0, Unported. URL: http://www.flickr.com/photos/ roadsideguitars/3402973285/.*

B) Die Saiten müssen von innen nach außen durch die Wickelzapfen geführt werden. Damit ist bei den meisten Kopfplatten eine ziemlich gerade Linie vom Sattel zum Zapfen gewährleistet und das Saitenende lässt sich leichter unter den Wicklungen festklemmen. Damit wird die Saite von ihrem eigenen Zuggewicht rutschfest am und im Wickelzapfen festgehalten.

Eine Ausnahme von dieser Vorgehensweise machen nur die sogenannten *Locking-Mechaniken*, bei denen das Saitenende am Wickelzapfen mechanisch arretiert wird. Saitenumwicklungen an diesen Zapfen fallen so gut wie nicht mehr an.

Bedenken Sie beim Saitenwechsel auch, dass bei 6 hochgestimmten Saiten der Gitarrenhals unter einem Zuggewicht von zirka 40 - 60 kg steht. Wenn Sie einen ganzen Satz Saiten auf einmal von der Gitarre entfernen, kann sich der Hals nach hinten verbiegen, da jetzt die Gegenkraft nach vorne fehlt. Saiten sollten also nach Möglichkeit immer eine nach der anderen ausgewechselt werden, um den Hals zu schonen.

Neu aufgezogene Saiten verstimmen sich noch eine Zeit lang nach unten, was an der Dehnung liegt, die durch die Zugkraft verursacht wird. Damit Sie indessen gleich mit verstimmungsfreiem Spielen beginnen können, empfiehlt es sich, die Dehnung zu beschleunigen. Drehen Sie hierzu die Saiten wieder etwas herunter und ziehen Sie diese vom Griffbrett weg. Während Sie mit der einen Hand die Saite ziehen, müssen Sie diese zugleich an anderer Stelle (mit der anderen Hand) gegen das Griffbrett drücken. Verfahren Sie so mit der gesamten Saitenlänge. Nach zirka 10 Minuten haben Sie gut gedehnte Saiten, die sich kaum noch nachdehnen werden.

Ein anderer Grund, für eine Saitenverstimmung nach unten ergibt sich aus Mechaniken mit zu viel Spiel oder auch aus solchen, die nicht gut geschmiert sind. E-Gitarren haben in der Regel fettgelagerte Mechaniken, bei Konzertgitarren müssen Sie die Getriebe von Zeit zu Zeit mit einem säurefreien Schmiermittel nachfetten. Auch sollten Sie immer wieder überprüfen, ob ein Nachziehen der Flügelschrauben notwendig ist, um den Mechaniken möglichst wenig Spiel zu erlauben. Denn am anderen Ende der Flügelschrauben sitzen die Schneckenwellen, und dort sollte die Kraftübertragung zum Wickelzapfen optimal sein. Haben Sie diese Punkte beachtet, können Sie Ihre Aufmerksamkeit dem nächsten wichtigen Bauteil Ihrer Gitarre widmen, dem Sattel.

Checkliste <u>Die Mechaniken auf der Kopfplatte</u>:

❶ Korrektes Aufziehen der Saiten oder noch besser, Verwendung von Locking-Mechaniken.

❷ Die Saiten vordehnen, das erspart zeitraubende Einstellarbeiten.

❸ Regelmäßige Inspektion der Mechaniken (ggf. Nachfetten, lockere Schrauben nachziehen).

Abbildung 4 So sollten die Saiten einer Konzertgitarre am Steg aufgezogen werden, damit sie fest verankert sind und sich nicht mit der Zeit lockern können. Der Steg dieser Gitarre ist nicht einzeln kompensiert.
Quelle: Flickr, © Autor Roadside Guitars. Wikimedia Creative Commons Lizenz, lizenziert unter GNU-Lizenz für freie Dokumentation CC BY-SA 2.0, Attribution Share Alike 2.0, Unported. URL: http://www.flickr.com/photos/roadsideguitars/4178415788/in/photostream/.

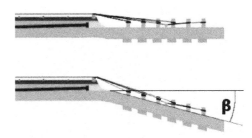

Abbildung 5 Eine nach hinten geneigte Kopfplatte. Sie bewirkt, dass die Saiten druckvoller in den Sattelkerben liegen.
Quelle: © Autor Mikhail Yakshin. Wikimedia Creative Commons Lizenz, lizenziert unter GNU-Lizenz für freie Dokumentation CC BY-SA 2.5, Attribution Share Alike 2.5, Generic. URL: http://commons.wikimedia.org/wiki/File:Guitar_headstock_angle.png.

Kapitel 1   Die Technik und Ihre Wirkungsweise

1.2   Der Sattel am Beginn des Griffbretts

Der Sattel ist jenes Bauteil, durch dessen Kerben die Saiten von der Kopfplatte her über das Griffbrett geleitet werden. Es gibt 4 wichtige Parameter des Sattels, die auf das Wohl oder Wehe Ihrer Gitarrenintonation entscheidenden Einfluss haben.

Die Position des Sattels relativ zum ersten Bund ist einer dieser Parameter. Er ist von ausschlaggebender Bedeutung und wird uns in diesem Buch immer wieder beschäftigen. Stimmt beispielsweise die Positionierung des Sattels nicht mit der rechnerischen Mensur Ihrer Gitarre und den daraus sich ergebenden Bundanordnungen überein, vermag eine „Sattelkompensation", wie man sie im Handel von diversen Spezialanbietern erwerben kann, die gesamte Intonation Ihrer Gitarre kaputtzumachen. Der Grund dafür ist, dass diese Hersteller ihre Sättel entsprechend jener Gitarrenmensur fertigen, die für die jeweilige Gitarre rechnerisch gilt. Bevor ich Ihnen erkläre, was eine „Sattelkompensation" ist und welchen Zweck diese haben kann, möchte ich Ihnen zunächst sagen, was hinter dem Begriff „Mensur" steckt.

Unter der Mensur einer Gitarre versteht man den Abstand zwischen dem Sattel- und dem Stegauflagepunkt einer Saite. Der 12. Bund bildet die Mitte dieser Distanz. Der eine Auflagepunkt ist also die Sattelkerbe oben, der andere befindet sich unten am Steg der Gitarre, also hinter dem Schallloch einer Konzertgitarre oder hinter den Tonabnehmern einer E-Gitarre. Diese Mensurlänge wird bei der Berechnung der Bundeinteilung des Griffbretts zugrunde gelegt. Für eine Stratocaster-Gitarre mit 24 Bünden beträgt sie in der Regel 64,8 cm. Sitzt der Sattel entsprechend dieser Länge als „nullter Bund" nicht an der rechnerisch richtigen Stelle, müssen die Leersaiten nachgestimmt werden, damit sie die richtige Tonhöhe beim Zupfen ohne Greifen hervorbringen. Nachgestimmt werden muss entweder nach oben oder nach unten, nach oben dann, wenn der Sattel zu weit vom ersten Bund entfernt sitzt, als es die rechnerische Mensurlänge erfordert, nach unten, wenn der Sattel zu nah am ersten Bund platziert ist. Dieses Nachstimmen hat natürlich auch für die gegriffenen Töne Konsequenzen: Sie werden

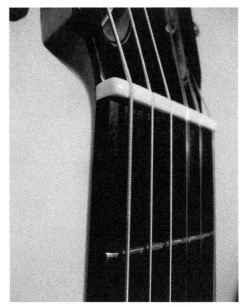

Abbildung 6 Der Sattel einer Konzertgitarre.
Quelle: Flickr, © Autor Roadside Guitars. Wikimedia Creative Commons Lizenz, lizenziert unter GNU-Lizenz für freie Dokumentation CC BY-SA 2.0, Attribution Share Alike 2.0, Unported. URL: http://www.flickr.com/photos/roadsideguitars/4219934146/in/photostream/.

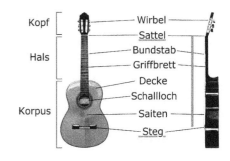

Abbildung 7 Der Abstand zwischen Sattel oben und Steg unten wird als Mensurlänge der Gitarre bezeichnet (siehe roter Balken).
Quelle: © Autor Martin Möller. Wikimedia Creative Commons Lizenz, lizenziert unter GNU-Lizenz für freie Dokumentation CC BY-SA 2.0, Attribution Share Alike 2.0, Unported, URL: http://commons.wikimedia.org/wiki/File:Classical_Guitar_labelled_german.jpg

Abbildung 8 Sattel auf einer Vigier Excalibur E-Gitarre. Diese Instrumente haben einem Nullbund, der die Saitenlage dort auf das Niveau der restlichen Bünde bringt. Damit werden die Tonhöhen der Leersaiten verändert, um Diskrepanzen mit den Tonhöhen der niedergedrückten Saiten zu kompensieren.
Quelle: © Vigier Guitars, Vigier Expert Sattel, Patrice Vigier.

Abbildung 9 Sattelkompensation für jede Saite einzeln, standardmäßig auf einer Earnie Ball Music Man Axis Super Sport ™.
Quelle: © Mark Hopkin, www.guitars4you.co.uk.

Abbildung 10 Sattel auf einer Fender® Stratocaster® E-Gitarre.
Quelle: © Beninho. Wikimedia Creative Commons Lizenz, lizenziert unter GNU-Lizenz für freie Dokumentation CC BY-SA 3.0, Attribution Share Alike 3.0, Unported, URL: http://commons. wikimedia.org/wiki/File: Caravilleiro_Stratocaster.jpg.

höher oder niedriger klingen, als es rechnerisch durch die Bundpositionen beabsichtigt ist. Damit ist die Gitarre verstimmt.

Der erste wichtige Parameter des Sattels ist somit dessen Platzierung. Allerdings ist an dieser Stelle etwas äußerst Wichtiges anzufügen. Der „nullte Bund", von dem wir synonym für den Sattel sprechen, wird niemals gegriffen. Die Saiten werden hier nicht niedergedrückt und damit auch nicht gedehnt. Der Sattel dient nur den Leersaiten als Auflagepunkt. Praktisch heißt das, dass es eine Tonhöhendiskrepanz zwischen den gegriffenen Saiten und den gezupften Leersaiten gibt, da die gegriffenen Saiten durch das Niederdrücken ihre Tonhöhe aufgrund der Spannungserhöhung nach oben verändern.

„Dann ist es vielleicht gar kein allzu übler Umstand, wenn die Sattelauflagepunkte nicht exakt nach der Mensur ausgerichtet sind", werden Sie möglicherweise an dieser Stelle einwenden wollen. „Man könnte ja die Sattelauflagepunkte für die einzelnen Saiten so verschieben, dass die Leersaiten im Verhältnis zu den gegriffenen die richtigen Tonhöhen produzieren." Damit haben Sie Recht. In der Praxis nennt man ein solches Vorgehen „Sattelkompensation". Diese hat aber zwei Nachteile. Zum einen ist sie nur wirksam für einen bestimmten Saitentyp und dessen Saitendicke – je Sattelkerbe. Zum anderen sind solche bautechnischen Veränderungen kostenintensiv, je nach Ausführendem nicht unbedenklich und erfordern für Akustikgitarren für gewöhnlich auch eine bauliche Korrektur am Steg. Denn Konzert- und Westerngitarren ab Werk haben leider so gut wie nie verstellbare Saitenreiter (einzeln längenverstellbare Saitenauflagepunkte) am Steg. Eine Stegkompensation ist aber erforderlich, wenn die Sattelposition manipuliert wird. Diese Art der Kompensation heißt „Stegkompensation". Beide Maßnahmen können unnötig sein, wenn man sich entscheidet, seine Sattelkerben etwas tiefer legen zu lassen. Ich möchte diese Tieferlegung zur Klarheit der Begriffe im weiteren Verlauf als „Sattelvertiefung" bezeichnen. Was eine Sattelvertiefung zu bewirken vermag, erfahren Sie später noch detailliert. Vorerst ist es nur wichtig, zwischen diesen zwei Maßnahmen zur Kompensation

Die Technik und ihre Wirkungsweise | Der Sattel am Beginn des Griffbretts

der Tonhöhendiskrepanzen von gegriffenen zu nicht gegriffenen Tönen zu unterscheiden: Sattelkompensation (inklusive Stegkompensation) und Sattelvertiefung.

Es sollte deutlich geworden sein, dass die angeblich „richtige" Position eines Sattels aus einem „Mißverständnis" heraus berechnet wurde, nämlich dem, dass die auf dem Sattel als „nulltem Bund" aufliegenden Leersaiten ebenfalls ihre Tonhöhe mehr oder weniger nach oben verändern könnten – durch Niederdrücken und damit Spannungserhöhung. Dies kann aber bei den angeschlagenen Leersaiten nie der Fall sein. Trotzdem wird die Sattelposition in aller Regel traditionell so berechnet, als sei der Sattel ein weiterer Bund. Hier liegt unser erstes Intonationsproblem: Wie bekommt man ein intonationstechnisch sauberes Verhältnis von gegriffenen zu nicht gegriffenen Tonhöhen? Wir können es auch anders formulieren: Wie bekommt man ein stimmtechnisch sauberes Verhältnis von Saitenspannung zu Saitenlänge? Die Inkonsistenz verbirgt sich in dem Umstand, dass der Sattel als nullter Bund viel höher ist als die restlichen Bünde. Diese Gegebenheit verzerrt daher oftmals die gesamte Intonation jenseits des 12. Bundes. Nur dieser Bund wird dann Tonhöhen produzieren, die mit eventuell mitklingenden Leersaiten korrekte Intervalle bilden (wie es sich mit den Tonhöhen jenseits des 12. Bundes verhält, wird im Buchabschnitt 4.2.2 dargelegt).

Damit sind wir beim zweiten wichtigen Parameter des Sattels, nämlich seiner Höhe und damit auch bei der Tiefe seiner Kerben. Wie erwähnt, gibt es zwei Möglichkeiten, die Diskrepanz zwischen gegriffenen und nicht gegriffenen Saitenklängen zu kompensieren. Entweder man setzt die angesprochene „Sattelkompensation" ein, die idealerweise für jeden einzelnen Saitentyp den Auflagepunkt der spezifischen Saite auf der Sattelkerbe korrigiert, oder man sorgt für einen möglichst geringen vertikalen Abstand der Saitenunterkanten zur Oberkante des ersten Bundes. Dies geschieht durch eine Vertiefung der vorhandenen Sattelkerben. Wir haben dieses Vorgehen bereits als Sattelvertiefung bezeichnet.

Im Falle der Sattelkompensation gibt es also eine „falsche" Platzierung einzelner Kerben (bezogen auf die ursprüngliche Mensurlänge der Gitarre), denn die Anordnung jeder einzelnen Kerbe sollte korrekterweise von den Materialeigenschaften der verwendeten Leersaite abhängig sein.

Abbildung 11 Paul Reed Smith Standard 24 E-Gitarre. Zu sehen sind die verschiedenen Sattelkerbentiefen.
Quelle: Flickr, © Steven Kim. Wikimedia Creative Commons Lizenz, lizenziert unter GNU-Lizenz für freie Dokumentation CC BY 2.0, Attribution Unported, URL: http://www.flickr.com/photos/steven-kim/3002404955/in/photostream.

Gegriffene Töne auf einer sattelkompensierten Saite sind von dieser Kompensation kaum betroffen, da die Bundpositionen und deren Abstände zur Stegauflage sich ja nicht geändert haben. Voraussetzung für dieses Stimmigsein hin zu den höheren Bünden ist allerdings, dass die Stegauflage nach erfolgter Sattelkompensation nachjustiert wurde. Bei Akustikgitarren ist dies nicht ohne Weiteres möglich, so dass bei diesen auch eine Modifikation des Stegs notwendig wird. Um solch übermäßigen und lediglich auf bestimmte Saitenstärken ausgerichteten Aufwand zu vermeiden, empfehle ich, es erst einmal mit einer fachmännisch ausgeführten Sattelvertiefung zu probieren. In den meisten Fällen ist das Ergebnis mindestens gut. Einen weiteren Trick, um unsere Tonhöhendiskrepanzen in den unteren Lagen in den Griff zu bekommen, verrate ich Ihnen später.

Im Falle der *Sattelvertiefung* zur Kompensation störender Tonhöhendiskrepanzen gibt es die mathematisch richtige Sattelposition sehr wohl, denn es werden ja nur die Auflagepunkte in ihrer Höhe verändert, nicht aber die Abstände dieser Auflagepunkte zum 1. Bund (wie es bei der Sattelkompensation der Fall ist). Sitzt aber der Sattel bereits ab Werk nicht an seiner mensurtechnisch richtigen Stelle, kann eine Sattelvertiefung die erwähnten Tonhöhendiskrepanzen auch nicht kompensieren. Ebenso verhält es sich mit einigen Sattelkompensationen, die es „von der Stange" zu kaufen gibt.

Warum Gitarrensättel in nicht wenigen Fällen nicht am rechnerisch richtigen Platz positioniert sind, lässt sich einfach beantworten: Es handelt sich dabei zunächst nicht etwa um eine Kompensation ab Werk, sondern schlichtweg um Pfusch. Warum die Veränderung der werkseitig angefertigten Sattelkerbentiefen überhaupt notwendig ist und nicht bereits vom Gitarrenhersteller bedacht wurde, ist ebenfalls einfach zu beantworten: Die Veränderung der Kerbentiefen würde für jeden Saitentyp und jede -dicke anders ausfallen müssen. Sogar Kerbenerhöhungen können mit dickeren Saiten notwendig werden. Die Hersteller verzichten daher auf die Mitlieferung verschieden gearbeiteter Sättel, um es dem Verbraucher selbst zu überlassen, auch andere Saitenstärken und -typen als jene, die ab Werk aufgezogen wurden, auf seiner Gitarre zu verwenden – oder auch nicht. Falls nicht, wäre das Mitliefern von Alternativsätteln – von deren korrekter Installation durch den Verbraucher mal ganz abgesehen – viel zu kostenaufwändig und oft schlichtweg umsonst, da sie eh nicht benötigt würden. Aufgrund der enormen Vielfalt an unterschiedlichen Saitentypen und -stärken sowie den Kombinationsmöglichkeiten untereinander wäre das Mitliefern einer hinreichenden Anzahl Alternativsättel ein völlig unangemessener Aufwand.

Das Thema Saitendicken führt uns zum dritten Parameter des Sattels, nämlich der Breite seiner Kerben. Sind diese für eine bestimmte Saitendicke ausgelegt, bekommt man Probleme, wenn man wesentlich dünnere Saiten aufgezogen hat. Dann nämlich vergrößern sich die seitlichen Platzverhältnisse in den Kerben und die Saiten beginnen beim Greifen zu rutschen. Überdies haben sie dann auch nicht mehr den gleichen horizontalen Abstand über dem Griffbrett zueinander, da es keinen eindeutigen Auflagepunkt mehr gibt.

Der vierte Parameter eines Sattels ist die Materialbeschaffenheit. Ein Sattel sollte gewährleisten, dass die Saite in der Kerbung in Richtung Saitenverlauf möglichst reibungsfrei rutschen kann. Dies ist insbesondere wichtig für Sättel, die die Saiten nicht mittels Schrauben von oben rutschfest auf eine Auflage drücken (Klemmsattel). Ist die Reibung der Saite in der Sattelkerbe zu groß, können sich zwischen Kopfmechaniken und Sattel Reibungsspannungen aufbauen. Durch die Spieltechnik des Bendings halten diese Kräfte die gedehnte Saite in einer etwas niedrigeren Tonlage als der Ausgangssituation fest. Dieser Umstand gestattet der Saite nicht mehr, sich augenblicklich in Richtung Kopfplatte zurückzubewegen, wenn das Bending beendet ist. Dies Problem tritt besonders dann auf, wenn die Kerbenbreiten für die verwendeten Saitendicken zu schmal sind. Überdies sind solche Reibungsspannungen auch hinderlich beim Bedienen der Stimmmechaniken. Vor allem die umwickelten Saiten verändern zunächst ihre Tonhöhe gar nicht, um diese dann plötzlich mit einem hörbaren Knacks übertrieben stark zu korrigieren.

Abbildung 12 Klemmsattel auf einer ESP Horizon Gitarre. Zu sehen ist auch der Saitenniederhalter. Er ist wichtig, wenn die Gitarre ohne Klemmverschluss gespielt werden soll. Dann erfahren die Saiten beim Niederdrücken eine zusätzliche Gegenkraft und können sich zwischen Sattel und Mechaniken noch etwas dehnen. Die Problematik zu hoher gegriffener Töne am 1. Bund wird damit entschärft.
Quelle: © Cisco93. URL: http://commons.wiki media.org/wiki/File:Horizoniifrbkaq9.jpg.

Die gleiche Problematik findet man auch bei E-Gitarren, die eine kippbare Brücke, ein sogenanntes Tremolo, besitzen. Mit dieser Vorrichtung lassen sich alle sechs Saiten auf einen Schlag in ihrer Tonhöhe nach oben oder unten modulieren. Wird der Tremolohebel freigegeben, lassen nicht selten infolge der Gesamtreibung am Sattel die sechs Saiten zusammen die Brücke nicht mehr vollständig in die Ausgangsstellung zurückgleiten. Da aber auf der Brücke alle Saiten ihren zweiten „Aufhängepunkt" haben, wird dadurch deren Mensurlänge verkürzt oder verlängert, je nachdem, ob man vorher nach oben oder nach unten tremoliert hat. Die Folge ist eine hörbare Tonerhöhung oder -absenkung. In diesem Fall hilft nur der bereits erwähnte Klemmsattel, der verhindert, dass die Saiten überhaupt durch die Sattelkerben rutschen und sich verhaken können. Hilfsweise kann man auch mit einem Bleistift, der ja das Schmiermittel Graphit enthält, die betreffenden Saitenunterseiten bestreichen, um eine geringere Gleitreibung zu erzielen. In der Regel sind gute

Sättel jedoch aus fetthaltigem Tierknochen oder graphitbehaftetem Material gefertigt. Beide Stoffe sind bekannt für ihre niedrige Gleitreibungszahl. Auch Metalllegierungen werden für die Herstellung eines Sattels gerne verwendet.

Checkliste Der Sattel am Beginn des Griffbretts:

❶ Als erstes sollten Sie nachmessen, ob Ihr Sattel den richtigen Abstand zum 1. Bund hat. Dazu müssen Sie zunächst die Mensur Ihrer Gitarre ermitteln, entweder durch Recherche im Internet, Nachfrage im Fachhandel oder indem Sie selbst nachzumessen versuchen. Folgende Standardmensuren sind üblich:

Konzertgitarren: 65 cm oder 66 cm

Westerngitarren: 62, 5 cm oder 64,5 cm

E-Gitarren: 61 cm oder 62,2 cm oder 62,5 cm oder 62,9 cm oder 63,5 cm oder 63,8 cm oder 64,8 cm

Nun messen Sie den Abstand des Sattels (griffbrettseitige Kante) zur Mitte des 1. Bundes mit einer Schieblehre und prüfen mit der folgenden Tabelle, ob Ihr Sattel anständig positioniert ist:

Mensurlänge	Abstand Sattel – 1. Bund
61,0 cm	3,424 cm
62,2 cm	3,491 cm
62,5 cm	3,508 cm
62,9 cm	3,530 cm
63,5 cm	3,564 cm
63,8 cm	3,581 cm
64,5 cm	3,620 cm
64,8 cm	3,637 cm
65,0 cm	3,648 cm
66,0 cm	3,704 cm

Falls Ihr Sattel nicht korrekt platziert sein sollte, suchen Sie einen erfahrenen Gitarrenbauer auf. Wenn der gemessene Wert nicht mit dem mathematischen aus obiger Tabelle übereinstimmt, kann es aber auch sein, dass der *1. Bund* (oder gar mehrere!) falsch gesetzt wurde, und nicht der Sattel. Unter folgender Webseite finden Sie ein Rechenprogramm, dass Ihnen für die verschiedensten Mensuren die dazugehörigen Bundabstände bis hoch zum 24. Bund ausgibt: www.kennaquhair.com. Ich empfehle, alle Bünde zunächst auf deren korrekte Positionierung hin zu überprüfen, bevor Sie irgendwelche bautechnischen Maßnahmen an Ihrer Gitarre ergreifen.

❷ Schauen Sie, ob die Sattelkerben der einzelnen Saiten alle die gleiche Entfernung zum 1. Bund haben. Wenn nicht, wurde Ihr Sattel irgendwann auf einen bestimmten Saitentyp abgestimmt. Entweder Sie benutzen diesen Saitentyp oder Sie entscheiden sich für einen anderen und lassen den Sattel von einem Gitarrenbauer richten.

❸ Sehen Sie nach, ob Ihre Saiten am Sattel zu hoch über dem 1. Bund liegen. Eine komplizierte Sattel- und Stegkompensation lässt sich nur vermeiden, wenn die Saiten mit ihrer Unterseite nahe der Oberkante des 1. Bundes verlaufen (ein Blatt Papier sollte noch dazwischenpassen). Ist dies nicht der Fall,

Abbildung 13 Gitarrensättel können erneuert werden, ebenso alle Bünde. Dabei spielt es keine Rolle, ob es sich um eine Konzert-, Western- oder elektrische Gitarre handelt.
Quelle: © Villanueva, Wikimedia. URL: http://de. wikibooks.org/wiki/Datei:Guitar_nut_001.jpg.

weil man zum Beispiel dickeren Saiten mehr Raum zum Ausschwingen verschaffen wollte (damit diese nicht auf die Bünde aufscheppern, wie das geschieht, wenn sie zu niedrig sitzen), wird bei Beibehaltung dieser Saitendicken eine Sattelkompensation sehr wahrscheinlich nötig sein, um Tonhöhendiskrepanzen zwischen Leersaiten und gegriffenen Saiten zu vermeiden. In allen anderen Fällen empfiehlt sich zuerst eine Inspektion des Halsverlaufs (siehe nächster Abschnitt) und gegebenenfalls eine Vertiefung der Sattelkerben.

❹ Sind die Sattelkerben zu breit oder zu schmal für die von Ihnen verwendeten Saitendicken? Abhilfe schafft hier nur das Ausfeilen oder Zuspachteln und anschließende Neuschneiden der Kerben, das Umsteigen auf eine passende Saitendicke oder aber die Installation eines Klemmsattels.

Kapitel 1

Die Technik und Ihre Wirkungsweise

1.3 Der Gitarrenhals und seine Besonderheiten

Grundsätzlich wird die Bespielbarkeit eines Gitarrenhalses durch 4 Parameter bestimmt: Der erste ist die Geradlinigkeit des Halses und damit auch des Griffbretts. Da gespannte Saiten naturgemäß eine gerade Linie bilden, sollte auch der Gitarrenhals einen solchen Verlauf aufweisen. Tut er das nicht, haben wir zwar eine Geradlinigkeit der Saiten, aber keine Linearität beim Abstand der Saiten von den Bünden. Weist der Hals also Wölbungen auf (konkav oder konvex), kann nicht vernünftig intoniert werden. Die meisten Gitarrenhälse sind jedoch so gefertigt, dass sie linear verlaufen.

Abbildung 14 Geradliniger Verlauf eines Gitarrenhalses. Der Einstellstab (Truss Rod) ist leicht durchgebogen (konkav), um Gegenspannung zum Saitenzug entwickeln zu können.
Quelle: © Mikhail Yakshin, Detlev Dördelmann. Wikimedia Creative Commons Lizenz, lizenziert unter GNU-Lizenz für freie Dokumentation CC BY-SA 3.0, Attribution Share Alike 3.0 Unported. URL: http://de.wikibooks.org/wiki/Datei:Guitar_neck.svg.

Gitarrenhälse auf Western- und E-Gitarren können und müssen in ihrem Neigungswinkel zum Korpus eingestellt werden, um die enormen Zugkräfte der 6 Stahlsaiten kompensieren zu können. Da diese Saiten den Hals stark nach vorne ziehen, heißt kompensieren, den Hals um genau dasselbe Maß wieder nach hinten zu spannen, so dass er eine möglichst gerade Linie mit dem Korpus bildet. Diese Einstellmöglichkeit ist bei Western- und E-Gitarren in Form

eines drehbaren Stahlstabes in den Gitarrenhals eingebaut (Truss Rod). Die Einstellung erfolgt mit Hilfe eines Inbus- oder Schraubenschlüssels und sollte nur bei aufgezogenen und hochgestimmten Saiten vorgenommen werden. Hat der Hals beispielsweise eine Wölbung nach hinten (konkav), erhöhen sich die Saitenabstände zu den Bünden in nicht linearer Weise in den mittleren Lagen, was zu Intonationsproblemen führen kann. Traditionell lässt man den Hals jedoch ein wenig konkav, da die Saiten auf halber Mensurlänge beim Schwingen am stärksten ausgelenkt werden. Hat der Hals aber einen Bauch (konvex, also in Richtung Saiten), können diese, je nach Höhenlage, auf den Bünden aufscheppern. Bei einer solchen Halsneigung gibt es keine Linearität der Saitenabstände zu den Bünden mehr. Warum diese Linearität enorm wichtig ist, erfahren Sie in jenem Kapitel, in dem ich die Zusammenhänge zwischen Saitenlänge, -spannung und Saitenlage darlege.

Abbildung 15 Öffnung zur Einstellschraube des Halsspannstabes einer Squier Stratocaster.
Quelle: © Detlev Dördelmann. Wikimedia Creative Commons Lizenz, lizenziert unter GNU-Lizenz für freie Dokumentation CC BY-SA 2.0, Attribution Share Alike 2.0 Germany. URL: http://commons.wikimedia.org/wiki/File:Truss_rod_screw.jpg.

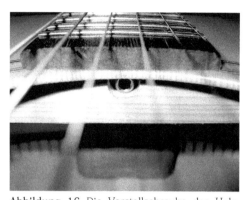

Abbildung 16 Die Verstellschraube des Hals-spannstabs einer Westerngitarre. Sie sitzt am Ende des Griffbretts unter dem Schallloch.
Quelle: © Volkhard Hingst, Lichta bei Königsee. Model Musima MWJ 22.

Man sieht bereits bei einem geraden Halsverlauf hin zum Korpus, dass eine Neubesaitung der Gitarre mit dickeren Saiten eine Neujustierung des Halses erforderlich macht. Denn dickere Saiten benötigen eine viel höhere Saitenspannung, um auf dieselbe Tonhöhe gestimmt zu werden, wie dünnere.

Der zweite Parameter eines Gitarrenhalses ist dessen Breite. Je nach individueller Beschaffenheit der Greifhand des Gitarristen werden breitere oder schmalere Griffbretter sinnvoll sein. Auch für die Wölbung des Griffbretts hin zu den Saiten gibt es unterschiedliche Radien. Dies ist der dritte der vier erwähnten Parameter. Hat das Griffbrett eine zu starke Wölbung zu den Saiten hin und deren Abstände zum Griffbrett sind gleichzeitig zu gering, stellt sich beim Greifen der Töne meist ein störendes Scheppern der Saiten auf den höheren Bünden ein. Ein *Bending* resultiert dann erst recht im Aufscheppern der Saiten auf die benachbarten Bünde (nach oben wie auch nach unten!). Griffbrettradius und -breite sind stark abhängig von den individuellen Bedürfnissen des Gitarristen. Eine ausgeprägtere Griffbrettwölbung (konvex) kann für manche Spieler vorteilhaft sein, dann müssen aber auch die Saitenabstände zu den Bünden höher sein und als angenehm empfunden werden, sonst macht die stärkere Griffbrettwölbung kaum Sinn (denn dann scheppert es spätestens beim Bending). Wer jedoch Wert legt auf eine sehr niedrige Saitenlage und trotzdem nicht auf Bendings verzichten möchte, der sollte sich nach einem flachen Griffbrett ohne Radius umsehen. Einige Hersteller fertigen manche Gitarrenmodelle auf Wunsch mit abweichenden Griffbrettradien an. Damit bei „Schreddern" (extrem schnell spielende Sologitarristen) die Reibungskräfte der Finger auf dem Griffbrett so gering wie möglich gehalten werden können, bestehen einige Griffbretter aus einer Mischung von Kunststoff und Graphit (als Ebonol bezeichnet). Auch das Einstreichen mit speziell zu diesem Zweck aufbereiteten Ölen kann die Performance merklich erhöhen. Eine völlige Beseitigung der Griffbrettreibung bieten so genannte „scalloped" fretboards. Diese sind zwischen den Bünden etwas konkav ausgefräst und beseitigen dadurch den Kontakt der Finger mit dem Brett fast gänzlich. Der schwedische Gitarrenvirtuose Yngwie Malmsteen ist einer der populärsten Vertreter solcher Bauteile.

Abbildung 17 „Scalloped Fretboard" – starke konkave Ausfräsung eines Griffbretts.
Quelle: © Sarbescu Razvan. Wikimedia Creative Commons Lizenz, lizenziert unter GNU-Lizenz für freie Dokumentation CC BY-SA 3.0, Attribution Share Alike 3.0 Unported. URL: http://commons. wikimedia.org/wiki/File:W_018.jpg.

Die Ausformung des Gitarrenhalses auf der Rückseite des Griffbretts ist ebenfalls eine sehr individuelle Angelegenheit

Die Technik und ihre Wirkungsweise | Der Gitarrenhals und seine Besonderheiten

und der vierte Parameter. Es gibt viele verschiedene Anfertigungen, die sich sogar über den Halsverlauf hinweg verändern können, um eine gute Performance der Greifhand zu ermöglichen. So hat beispielsweise die Jason Becker Signature JB200C E-Gitarre von Carvin eine kontinuierliche Abflachung der Halsrückseite zum Gitarrenkorpus hin. Das ermöglicht dem Spieler, einfacher und sicherer an die Töne der sehr hohen Bünde zu gelangen, da der Daumen stabiler am Hals anliegt.

Checkliste <u>Der Gitarrenhals und seine Besonderheiten:</u>

❶ Nach Möglichkeit niemals alle Saiten auf einen Schlag von der Gitarre nehmen. Die Spannung des Truss Rod hat sonst keine Gegenspannung mehr und der Hals kann sich nach hinten verziehen. Dies tut der gesamten Halsstruktur alles andere als gut.

❷ Den geraden Verlauf des Gitarrenhalses hin zum Korpus können Sie mittels eines langen Lineals und mit einer Sichtprüfung selbst recht gut einschätzen.

❸ Eine mögliche Verdrehung des Gitarrenhalses können Sie ebenfalls selbst überprüfen. Schauen Sie dazu vom Steg aus über das Griffbrett in Richtung Kopfplatte und sehen Sie nach, ob die Bundabstände sich gleichmäßig ändern. Wenn das nicht der Fall ist, sind entweder die Bünde schräg gesetzt, einseitig stark abgespielt oder der Hals ist seitlich verzogen.

❹ Bedenken Sie, dass beim Wechsel auf eine andere Saitenstärke der Gitarrenhals in der Regel neu eingestellt werden muss. Überlassen Sie diese Arbeit dem Fachmann, da es dabei einiges zu beachten gibt.

❺ Kümmern Sie sich um abgespielte oder schlicht verschieden hohe Bünde! Eine erste Einschätzung können Sie mit einem langen Lineal selbst vornehmen, nachdem Sie sichergestellt haben, dass der Hals so gut wie waagerecht in den Korpus hinein verläuft. Im Zweifel sollten Sie den Fachmann zu Rate ziehen und gegebenenfalls Ihre Bünde neu abrichten und den Hals ein-

Abbildung 18 Krümmung eines Fender Griffbretts. Zu sehen ist auch der Halseinstellstab. *Quelle: Flickr, © Tim Patterson from Austin, TX, United States. Creative Commons Lizenz, lizenziert unter GNU-Lizenz für freie Dokumentation CC BY-SA 2.0, Attribution Share Alike 2.0 Unported. URL: http://www.flickr.com/photos/722 48790@N00/4622401025.*

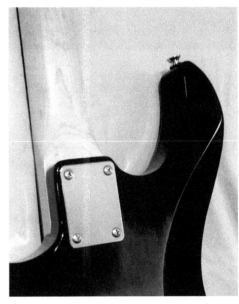

Abbildung 19 Rückseite des Halses einer Pacifica 112. Man sieht, wie der Halsradius hin zur Verschraubung am Korpus abflacht, um eine bessere Bespielbarkeit der sehr hohen Lagen zu ermöglichen. *Quelle: © Meanos. Wikimedia Creative Commons Lizenz, lizenziert unter GNU-Lizenz für freie Dokumentation CC BY-SA 2.5, Attribution Share Alike 2.5 Generic. URL: http://en.wikipedia.org/ wiki/File:Bolt_on_neck.jpg.*

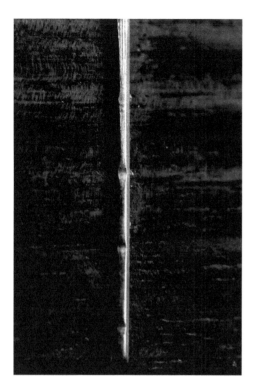

Abbildung 20 Abgespielter Bund. Gut zu sehen sind die Kerben und oben auch Furchen – verursacht durch die Umwicklungen der Basssaiten. *Quelle: © Heiko Kinzel, Innsbruck. URL: http://www.kinzel.org/04_verschiedenes/01_stratocaster/05_bundierung.*

stellen lassen. In extremen Fällen kann auch eine Neubundierung erforderlich sein. Denn obwohl Bünde aus Metall sind, nutzen sie sich bei jeder Begegnung mit den Metallsaiten einer Gitarre kontinuierlich ab. Insbesondere das Bending der Saiten schlägt dabei enorm zu Buche. Das Bending von umwickelten Saiten hinterlässt mit der Zeit sogar regelrechte Furchen auf den Bünden (und den Saiten!), hervorgerufen durch die Wicklungen. Da diese nicht immer an derselben Stelle in die Bünde schneiden, werden neben alten Furchen mit der Zeit neue „gegraben". Es handelt sich um einen regelrechten Materialabtrag, der irgendwann die Neubundierung der Gitarre notwendig macht.

❻ Spielen Sie vor einem Neukauf die Gitarre clean an. Lassen Sie vorher das Instrument oktavrein für möglichst neue, aber vorgedehnte Saiten einstellen. Versichern Sie sich, dass die Gitarrensaiten nicht einen Ganz- oder Halbton neben der Standardstimmung eingestellt sind (auch das kommt vor!). Spielen Sie dann in den unteren Lagen Akkorde wie E, C, G, A, F und D und überprüfen Sie, ob diese auch am 13. Bund noch zusammen mit den angeschlagenen Leersaiten vernünftig klingen (oder erst dann!). Dies gewährt Ihnen einen ersten Eindruck der Intonationsfähigkeit der jeweiligen Gitarre, insbesondere wenn Sie vorher auch einen Blick auf die Saitenlage am 1. Bund geworfen haben. Ist diese dort so niedrig wie möglich, ohne dass die schwingenden Leersaiten auf den 1. Bund scheppern, klingen die gegriffenen Akkorde aber trotzdem auffällig schräg, dann ist Vorsicht geboten. Ein prüfender Blick auf den Verlauf des Halses kann möglicherweise schon den Hinweis bringen, was mit dieser Gitarre nicht stimmt. Testen Sie auch die Bundabstände um den 13. Bund mittels des empfohlenen Rechenprogrammes. Einfach daheim die entsprechenden Werte für die in Frage kommenden Mensurlängen notieren und im Geschäft mit einem feinen Lineal auf beiden Seiten des Griffbretts nachmessen.

❼ In vielen Fällen werden Einstimmarbeiten an Gitarren auf einer Werkbank durchgeführt. Das Instrument liegt dabei nicht ganz plan auf dem Tisch, sondern der Hals liegt in einer erhöhten Holzstütze. Daher kann es durch das Eigengewicht der Gitarre zu einem leichten Durchdrücken des Halses nach unten kommen. Dies bewirkt, dass auch die Saitenspannungen sich verringern. Folge davon ist, dass in dieser Lage die Gitarre falsch intoniert wird, denn sobald sie um den Hals des Gitarristen hängt, hat auch der Gitarrenhals wieder die normale Krümmung und die Saitenspannungen normalisieren sich – die intonierten Töne werden dann zu hoch klingen. Für professionelle Gitarrentechniker, die auf eine Werkbank angewiesen sind, empfiehlt es sich, statt einer harten Holzstütze für den Hals lieber Schaumstoff- oder Kissenmaterial zu verwenden. Die Gitarre sollte mit dem Korpus plan auf der Werkbank liegen, der Hals mit dem Schaumstoff von unten unterstützt werden, ohne das zusätzlich Druck nach oben auf ihn ausgeübt wird. Damit lässt sich vermeiden, dass beim Einstellen der Gitarre durch Finger- oder Schraubenschlüsseldruck der Hals nachgibt und sich dadurch die Saitenspannungen unmerklich verringern. Für den normalen Anwender empfiehlt es sich, die Gitarre um den Hals hängend einzustellen (was für einen professionellen Gitarrentechniker zu belastend wäre, da er am Tag mit unzähligen Gitarren arbeiten muss).

Abbildung 21 Saitenlage auf einer Ibanez RG 770. Ist die Saitenlage zu hoch, klingen die gegriffenen Töne um den 1. Bund herum zu hoch (wenn im Vorfeld keine Sattelkompensation oder Sattelvertiefung erfolgt ist). Ist die Saitenlage zu gering, besteht die Gefahr des Saitenschepperns auf den Bünden. Voraussetzung für die richtige Einschätzung der Saitenlage ist ein möglichst gerader Gitarrenhals. Ein leichtes Durchhängen (konkav) ist noch tolerierbar, da die Saiten ja in der Mitte des Griffbrettes am meisten Platz zum Ausschwingen brauchen. Der Nachteil eines solchen Durchhängens ist, dass in diesem Bereich die Saiten dann einen größeren Abstand zum Griffbrett haben und demzufolge auch eine größere Tonerhöhung beim Niederdrücken stattfindet. Bei Zweifeln an der Bundreinheit des Instruments empfiehlt sich ein Nachmessen. Wichtig hierbei sind der Abstand Sattel - 1. Bund sowie die Bundabstände um den 13. Bund.
Quelle: © CLI. Wikimedia Creative Commons Lizenz, lizenziert unter GNU-Lizenz für freie Dokumentation CC BY-SA 3.0, Attribution Share Alike 3.0, Unported. URL: en.wikipedia.org/ wiki/File:Guitar_action_Ibanez_RG_770.jpg.

Kapitel 1

Die Technik und Ihre Wirkungsweise

1.4 Die Materialeigenschaften von Gitarrensaiten

Für die drei hohen Saiten (Diskantsaiten) von Konzertgitarren wird traditionell das Material Nylon verwendet. Leider ist der Durchmesser von Nylonsaiten im Herstellungsprozess nicht exakt kontrollierbar, so dass diese, falls sie sehr schlecht gefertigt sind, hörbare Toninkonsistenzen erzeugen können. Eine neuere Alternative zu Nylon- sind Carbonsaiten. Konzertgitarren haben umwickelte Basssaiten, deren Kerne aber nicht wie bei Western- und E-Gitarren aus Stahl bestehen, sondern aus mehrfaserigem Nylon, welches mit Draht umsponnen ist. Häufigstes Material für die Umwicklung ist Kupfer, das an seiner Wickeloberfläche hauchdünn versilbert ist.

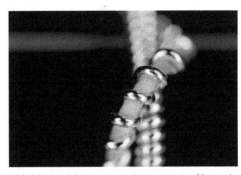

Abbildung 22 Auseinandergezogene Umwicklung der Nylonsaite einer Konzertgitarre.
Quelle: Flickr, © quinn.anya, Quinn Dombrowski. Wikimedia Creative Commons Lizenz, lizenziert unter GNU-Lizenz für freie Dokumentation CC BY-SA 2.0, Attribution Share Alike 2.0 Unported, URL: http://www.flickr.com/photos/quinnanya/2286882457/in/photostream/.

Die drei tiefen Saiten der Westerngitarren haben hingegen einen Stahlkern, ebenso die der E-Gitarren. Bei Westerngitarren kann zusätzlich zu den drei tiefen Saiten auch die g-Saite umsponnen sein. Umwickelt wird bei Westerngitarrensaiten zumeist mit „Bronze", einer Legierung aus Zinn, Kupfer und Phosphor. Bei der E-Gitarre werden Silber- oder Nickellegierungen verwendet, diese sind länger haltbar als Bronze. Allerdings haben die tiefen Saiten der E-Gitarre eine merklich höhere Längssteifigkeit als jene von Western- oder gar Konzertgitarren. Die hohen Saiten von Western- und E-Gitarren bestehen ausschließlich aus Spezialstahl, denn sie müssen viel höheren Zugkräften standhalten, als die Saiten von Konzertgitarren.

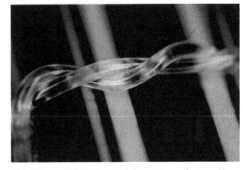

Abbildung 23 Diskant-Nylonsaite auf einer Konzertgitarre.
Quelle: Flickr, © quinn.anya, Quinn Dombrowski. Wikimedia Creative Commons Lizenz, lizenziert unter GNU-Lizenz für freie Dokumentation CC BY-SA 2.0, Attribution Share Alike 2.0 Unported, URL: http://www.flickr.com/photos/quinnanya/2286872621/in/photostream/.

Für die unterschiedlichen Stärken aller erwähnten Saitentypen gilt glücklicherweise generell Folgendes: Die größeren Kerndurchmesser der dickeren Saiten reagieren auf ein vergleichbares Niederdrücken (bei Standardstimmung) mit kräftigerer Tonerhöhung als dünnere. Das liegt daran, dass aufgrund des größeren Durchmessers und erhöhter Quer- wie auch Längssteifigkeit der dicken Saiten die Zusatzspannung durch Niederdrücken besser an den schwingenden Teil dieser Saiten weitergeleitet werden kann. Es ist einfach mehr Materie und Steifigkeit da, die beide zusammen über die kurzfristige Längenvergrößerung der Saite („Dehnung") beim Niederdrücken dominieren. Sie werden das vielleicht schon selbst festgestellt haben: Dünnere Saiten benötigen an den Mechaniken mehr

Abbildung 24 Die vier tiefen Saiten auf einer Takamine Westerngitarre. Zu sehen ist die leichte Bronzefärbung der Saiten.

Quelle: Flickr, © chloester. Wikimedia Creative Commons Lizenz, lizenziert unter GNU-Lizenz für freie Dokumentation CC BY-SA 2.0, Attribution Share Alike 2.0, Unported, URL: http://www. flickr.com/photos/etherealdawn/4644695343/ in/photostream/.

Umdrehungen, um auf die angestrebte Tonhöhe gebracht zu werden, als dickere. Dünnere Saiten dehnen sich offenbar stärker als dickere. Dafür haben letztere in der Regel mehr Spannkraft, wenn sie einmal auf ihre Standardstimmung gebracht sind. Das kann von Vorteil sein, denn die Spannkraft wirkt erstens einem übermäßigen Niederdrücken entgegen und zweitens ist die prozentuale Tonerhöhung dabei nicht so hoch wie bei gleich dicken Saiten mit weniger Spannkraft. Diesen Umstand kann man ausnutzen, um die Tonhöhe beispielsweise der gegriffenen g-Saite an den ersten 2-3 Bünden durch Einsatz einer größeren Saitenstärke zu reduzieren. Diesen Trick, den ich Ihnen in einem vorherigen Abschnitt angekündigt habe, kann jedoch für den ein oder anderen Spieler zum Nachteil werden, denn ein Bending dickerer Saiten erfordert mehr Kraft.

Die *Dehnungsunterschiede* zwischen dicken und dünnen Saiten kehren sich langsam, aber sicher um, wenn man die dicken Saiten über ihre Standardtöne hinaus hochstimmt. Dann benötigt man nämlich sukzessive mehr Umdrehungen als bei dünneren Saiten, um die Tonhöhe merklich zu verändern. Der Grund ist darin zu sehen, dass in diesen extremen Tonhöhenbereichen die kontinuierliche Spannungszunahme in eine allmähliche Verlängerung und damit Ausdünnung der Saite resultiert – bis sie schließlich am schwächsten Punkt reißt. Dieser Zeitpunkt ist bei dünneren Saiten schneller erreicht als bei den dickeren, denn die dünneren haben eben weniger Masse, die ausgedehnt werden kann. Ein Saitentest mit ähnlichen Ergebnissen wurde 2009 von Helmut Grahl für das Fachmagazin Gitarre & Bass durchgeführt[1].

Es lässt sich also festhalten, dass das Verhältnis Saitenspannung zu Tonerhöhung seine Linearität mit zunehmender Spannkraft einbüßt. Dann nämlich dominieren die Dehnungseigenschaften einer Saite über deren weitere Tonerhöhung. Auch lässt sich feststellen, dass diese Linearität mit *abnehmender* Spannkraft ebenfalls verlorengeht. Denn dann obsiegt die *mangelnde* Spannkraft der Saite über deren Tonerhöhung. Letzteres ist, wie wir gesehen haben, bei den dickeren Saiten nicht ganz so ausgeprägt wie bei den dünneren. Auch ist bei den dickeren Saiten, sollte es sich um Bronzelegierungen handeln, das Verhältnis Saitenspannung zu Tonerhöhung generell etwas herabgesetzt, das heißt, bei gleicher Spannungsveränderung durch Niederdrücken wird der Ton nicht so sehr erhöht, wie es bei Nickellegierungen der Fall ist.

---

[1] GRAHL, Helmut: *Intonation Steelstrings Acoustic Guitar*. In: *Gitarre & Bass* 05/2009, S. 220-221. Köln (MM-Musik-Media Verlag GmbH & Co. KG), http://www.gitarrebass.musikmachen.de/.

Bei den Kupferlegierungen der Konzertgitarrensaiten sowie deren blanken Nylonsaiten zeigt sich eine Reduzierung der Tonerhöhung bei vergleichbarer Spannung erfreulicherweise in noch größerem Maße. Der Grund dafür liegt in deren geringerer Quer- und Längssteifigkeit im Vergleich zu Stahlsaiten. Sie erinnern sich: Die Kerne bestehen aus mehrfaserigem Nylon, nicht aus Stahl.

Offensichtlich gibt es also für alle Saitentypen und -stärken einen Bereich, in dem eine Saite wenig Dehnung erfährt und daher eine gleichbleibende Spannung zu halten vermag. Diesen benötigen wir für die Intonation der Gitarre. Es ist jener Bereich, in dem die Spannungsänderung einer Saite linear über deren Dehnung dominiert.

Zur Vervollständigung des Gesagten sei noch erwähnt, dass das Verhalten von E-Gitarrensaiten – je nach Aufbau und Beschaffenheit – auf das Magnetfeld der Tonabnehmer recht unterschiedlich sein kann. Bronze beispielsweise ist ein viel größerer magnetischer Isolator als Nickel. Daher wundern Sie sich nicht, wenn Sie bronzebeschichtete Stahlsaiten auf Ihre E-Gitarre aufziehen und feststellen, dass diese nicht mehr so laut klingen mögen (bei gleichem Volumenpegel). Einige E-Gitarrensaiten sind nicht nur mit Nickel überzogen, sondern die Wicklungen bestehen vollständig aus diesem Metall. Damit sitzt aber mehr ferromagnetisches Material auf dem Saitenkern und die Lautstärke wird größer sein (bei gleichem Volumenpegel). Unbedingt beachten sollten Sie auch, dass Ihre Tonabnehmer nicht zu nahe an den ferromagnetischen Saiten platziert sind. Sonst kann das Magnetfeld der Tonabnehmer diese Saiten am natürlichen Ausschwingen erheblich hindern. Ein solcher Umstand vereitelt eine erfolgreiche Intonation der E-Gitarre.

Checkliste <u>Die Materialeigenschaften von Gitarrensaiten</u>

❶ Bevor Sie Ihre E-Gitarre intonieren, stellen Sie sicher, dass die Tonabnehmer den natürlichen Schwingvorgang Ihrer (neuen oder alten) Saiten nicht behindern. Hierzu empfiehlt es sich, die Tonabnehmer erst einmal weit herunterzuschrauben. Nach erfolgter Intonation können die Tonabnehmer wieder in die passende Höhenposition gebracht werden. Sitzen sie zu nah an den Saiten, erleidet Ihre E-Gitarre eine sogenannte „Stratitis" – die betroffenen Saiten „wabbeln" unkontrolliert, anstatt normal zu schwingen.

❷ Ein lineares Verhältnis von Saitenspannung zu -dehnung ist für eine vernünftige Intonation unentbehrlich. Dies ist auch der Grund, warum über die Steg- und Sattelkompensationen die Mensurlängen für unterschiedliche Saitentypen manipuliert werden. Eine Saitenlängenveränderung ist ja – was die Tonhöhenänderungen anbelangt – nichts anderes als eine versteckte Saitendehnung oder aber -kompression. Die Spannungsänderung wiederum ist nichts anderes als das Herauf- oder Herabstimmen einer Saite entweder an den Kopfmechaniken oder gegebenenfalls an den vorhandenen Feinstimmern auf der Brücke. Sowohl Längen- als auch Spannungsänderungen dienen dem Zweck, Tonhöhen- und Längenveränderungen der Saite in ein lineares Verhältnis zu bringen. Dass dies funktioniert, ist einem einfachen logischen Sachverhalt geschuldet, den wir noch kennenlernen werden.

❸ Die maßgeblichen Parameter eines schwingenden Saitenabschnittes sind dessen Masse („Dicke"), Länge, Spannkraft und Dehnungsverhalten. Der Dehnung wirken zwei Faktoren entgegen: Die Quer- und die Längssteifigkeit. Wichtig ist auch folgender Zusammenhang: Je dicker die Saiten, desto mehr Spannkraft muss ihnen zugeführt werden, um eine vergleichbare Tonhöhe erzielen zu können wie bei dünneren. Eine Gitarre gleicher Mensur mit dickeren Saiten erfordert für ein Bending mehr Fingerkraft als ein Instrument mit dünneren. Auf einer Gitarre kürzerer Mensur werden die dickeren Saiten jedoch nicht soviel Spannkraft benötigen, um auf dieselbe Tonhöhe gestimmt zu werden wie bei einer längeren Mensur. Der Grund dafür ist, dass die effektiv schwingende Saitenlänge kürzer ist, also die Tonhöhe mit weniger Saitenspannung erreicht werden kann.

❹ Verwenden Sie die richtigen Saitentypen für Ihre Gitarre. Konzert-, Western- und E-Gitarren stellen verschiedene Anforderungen an das benötigte Material. Wenn Sie beispielsweise auf eine Konzertgitarre Stahlsaiten aufziehen, wird sich der Hals verziehen, denn solche Instrumente verfügen nicht über einen stabilisierenden Halsspannstab, und Stahlsaiten müssen nun einmal fester gespannt werden als solche aus Nylon!

Abbildung 25 Bundfurchen, verursacht durch die seitliche Auslenkung (Bending) der umwickelten Saiten.
Quelle: Flickr, © ArtBrom. Wikimedia Creative Commons Lizenz, lizenziert unter GNU-Lizenz für freie Dokumentation CC BY-SA 2.0, Attribution Share Alike 2.0 Unported, URL: http://www.flickr.com/ photos/art-sarah/2036522901/.

Die Technik und ihre Wirkungsweise | Die Materialeigenschaften von Gitarrensaiten

❺ Wenn Sie für Ihre E-Gitarre *bronzeumwickelte Westerngitarrensaiten* verwenden, dann isolieren Sie diese zugleich mehr oder weniger gegen das Magnetfeld der Tonabnehmer. In diesem Fall hilft entweder ein Saitenwechsel oder das Annähern der Tonabnehmer an die Saiten. Können Ihre Tonabnehmer nach dem Annähern an die umwickelten Saiten jedoch nicht feinjustiert werden, sitzen jetzt die blanken Stahlsaiten möglicherweise zu nahe an den Tonabnehmern (da diese meist eine tiefere Saitenlage haben). Die Folge wäre wiederum eine „Stratitis".

❻ Achten Sie auf abgespielte Saiten. Altes Material ist in der Regel korrodiert, zudem sitzt Schmutz zwischen den Wicklungen. Das führt dazu, dass sich diese Saiten nicht mehr richtig stimmen lassen. Außerdem leidet auch der Sound, denn solche Saiten produzieren kein gutes Sustain mehr und klingen merklich dumpfer. An den Kontaktstellen, die sie mit den Bünden hatten, zeigen sich Abflachungen, und die Umwicklung kann weggerieben worden sein, wenn ausgiebig Bendings gespielt wurden. Eine der Hauptforderungen guter Intonation ist daher unabdingbar: Verwenden Sie keine abgespielten Saiten.

Abbildung 26 Völlig korrodierte Saiten wie diese verändern ihre physikalischen Eigenschaften und reagieren unberechenbar.
Quelle: Flickr, © JJ & Special K. Wikimedia Creative Commons Lizenz, lizenziert unter GNU-Lizenz für freie Dokumentation CC BY-SA 2.0, Attribution Share Alike 2.0 Unported, URL: http://www.flickr.com/photos/sweet_child_of_mine/477657293/.

Kapitel 1

Die Technik und Ihre Wirkungsweise

1.5 Der Steg auf dem Korpus der Gitarre

Der Korpus ist traditionell der Klangkörper einer Gitarre. Im Gegensatz zu Konzert- und Westerngitarren besteht er bei der E-Gitarre bis auf einige Ausnahmen nicht aus klangrelevantem Hohlraum, sondern ist aus massivem Holz gefertigt. Klangwirksam sind diese Hölzer dennoch in zweifacher Hinsicht. Zum einen, wenn die E-Gitarre ohne Verstärker „trocken" gespielt wird, zum anderen, wenn Resonanzen mit der Schwingungsfrequenz einer gegriffenen Saite interferieren, also mittels Luftbewegung die Saite am Ausschwingen hindern oder dazu anregen. Derartige Resonanzen können wegen Hohlräumen sowohl im Gitarrenhals als auch im Korpus der Gitarre die Umgebungsluft zum Schwingen bringen. Beispiele für solche Hohlräume wären einmal das Tremologehäuse, dann die Tonabnehmergehäuse. Hohlräume im Bereich des Einstellstabes im Hals wurden zudem schon des Öfteren für „tote" Klangstellen auf dem Griffbrett verantwortlich gemacht. Im Falle solcher Resonanzen, seien diese gleich- oder gegenphasig, ist die Beeinträchtigung auch über den Verstärker wahrzunehmen, denn es gilt, dass alles, was das Schwingungsverhalten einer Saite direkt verändert, über die Tonabnehmer verstärkt wird. Natürlich können diese Effekte ebenso wahrgenommen werden, wenn die Gitarre nicht über den Verstärker gespielt wird.

Gleichphasige Resonanzen addieren sich. Dies ist auch der Grund, warum ein Sänger mit seiner Stimme ein Glas gezielt zum Zerspringen bringen kann. Der Umkreis des Glases entspricht im weitesten Sinne einer bestimmten Saitenlänge, die Stärke des Glases einer bestimmten Saitendicke und -spannung. Produziert der Sänger nun einen Ton, der der Eigenfrequenz des Glasrandes gleichkommt, fängt dieser an heftig zu schwingen und zerbricht schließlich bei gezielter Interferenz des Singschalls mit den Glasvibrationen.

Abbildung 27 Stimmgabel mit Resonanzkörper. Der Holzkasten nimmt Vielfache der abgestrahlten Wellenlänge des Stimmgabeltons auf, es findet Resonanz statt. Beide Schwingungsvorgänge werden sich dann verstärken und erhöhen die Lautstärke der Stimmgabel.

Quelle: © Brian 0918, nach einem Foto von Max Kohl, Chemnitz, Germany. Wikimedia Creative Commons Lizenz, lizenziert unter GNU-Lizenz für freie Dokumentation CC BY-SA 3.0, Attribution Share Alike 3.0 Unported. URL: http://en.wikipedia.org/wiki/File:Tuning_fork_on_resonator.jpg.

Abbildung 28 Ähnlich wie bei einem Weinglas gibt es auch bei Gitarrenbauteilen Resonanzphänomene.

Quelle: Flickr, © Vinumweine. Wikimedia Creative Commons Lizenz, lizenziert unter GNU-Lizenz für freie Dokumentation CC BY 2.0 Unported. URL: http://www.flickr.com/photos/78666643@N06/7285913826/.

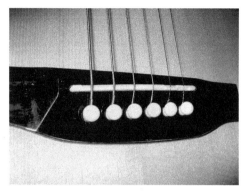

Abbildung 29 Steg einer Musima MWJ 22 Westerngitarre. Schön zu sehen ist die Schrägstellung des Steges und die Kompensationen ab Werk für die h- und e-Saite.
Quelle: © Volkhard Hingst, Lichta bei Königsee.

Abbildung 30 Steg einer kubanischen Gitarre. *Quelle: Flickr, © Autor Kevin Dooley. Wikimedia Creative Commons Lizenz, lizenziert unter GNU-Lizenz für freie Dokumentation CC BY 2.0, Unported. URL: http://www.flickr.com/photos/pagedooley/4848782591.*

Interferenzen können auch auftreten, wenn bei Western- oder Konzertgitarren die Decke derart heftig mitschwingt, dass der Steg darauf in der gleichen Weise vibriert und damit frequenzartig die Mensurlängen der Saiten verkürzt und verlängert.

Bei E-Gitarren ist dies wegen des massiven Holzkorpus vermutlich so gut wie nie der Fall. Auch hier sitzt der Steg an ähnlicher Stelle wie bei den beiden anderen Gitarrentypen. Damit die Resonanzen am Korpus sowie am Gitarrenhals – sofern es sich überhaupt um verstärkende Resonanzen handeln sollte – effektiv das Schwingungsverhalten der angeschlagenen Saiten unterstützen können, bedarf es der Weiterleitung der Schwingungen. Diese ist erst gewährleistet, wenn die Materialien, aus denen Sattel und Steg bestehen, die Schwingungen gut aufnehmen, nicht abdämpfen und daher auch vorteilhaft an Korpus und Hals weitergeben. Dafür sind beispielsweise Messingsättel geeignet, aber auch alle anderen aus Metall mit „Locking nut" (Klemmsattel). Die Stege wiederum bestehen in der Regel aus legiertem Stahl oder Gusseisen und sind fest mit dem Korpus verbunden. Bei Akustikgitarren sind sowohl verwendetes Holz als auch die Leimbindung für die Schwingungskopplung verantwortlich. All diese Maßnahmen sollen ein möglichst gutes *Sustain* (lang anhaltender Ausklingvorgang) der Saiten gewährleisten.

Wie bereits dargelegt, dient der Steg als einer von zwei Auflagepunkten für die schwingenden Saiten. In herkömmlicher Weise wird der Steg sowohl auf Western- als auch auf E-Gitarren nicht parallel zu den Bünden angebracht, sondern leicht diagonal. Die Seite des Steges, welche die tiefe E-Saite aufnimmt, ist immer ein wenig weiter vom letzten Bund entfernt als jene der hohen e-Saite. Die Gründe dafür können wir bereits erahnen: Durch die unterschiedlichen Quersteifigkeiten der verschieden dicken Saiten beginnen vor allem die stärkeren Saiten nicht exakt am Auflagepunkt mit der Schwingung, sondern etwas davon entfernt. Dies muss kompensiert werden, um eine wirksam schwingende Saitenlänge zu erhalten, die der Mensurlänge der Gitarre entspricht. Der Effekt tritt übrigens auch beim Niederdrücken an den Bünden in Erscheinung. Ohne die Kompensation würden die

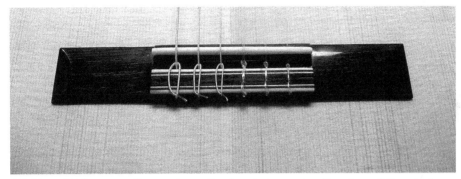

Abbildung 31 Steg einer Konzertgitarre. Da diese Instrumente mit anderen Saiten als denen für Westerngitarren gespielt werden, kommen sie mit einer kleineren Stegkompensation aus. Dementsprechend ist auch der Steg nur minimal schräg gestellt.
Quelle: Flickr, © Autor Roadside Guitars. Wikimedia Creative Commons Lizenz, lizenziert unter GNU-Lizenz für freie Dokumentation CC BY-SA 2.0, Attribution Share Alike 2.0 Unported. URL: http://www.flickr.com/photos/roadsideguitars/4219935246/in/photostream/.

Bünde also nicht die korrekten Tonhöhen hervorbringen, relativ zur mathematischen Mensurlänge gesehen.

Einen weiteren Grund für die Schrägstellung des Steges haben wir ebenfalls schon angesprochen, nämlich dass alle gegriffenen Töne etwas zu hoch in Bezug auf die mathematischen Bundpositionen erklingen – wegen der Spannungserhöhung durch das *Niederdrücken* der Saiten. Quer- und Längssteifigkeit dominieren über die Dehnung (Längenvergrößerung) der Saite. Kompensiert wird dieses Phänomen durch ein nochmaliges Zurückversetzen des Stegs und einen verschärften diagonalen Verlauf desselben.

Wie aufgezeigt, benötigen verschiedene Saiten aufgrund ihrer diversen Steifigkeiten und Dehnungseigenschaften jeweils unterschiedliche Stegkompensationen, um die angestrebten Tonhöhen – welche durch die unveränderlichen Bundpositionen fest definiert sind – zu erzeugen. Es macht daher Sinn, für jede Saite eine individuelle Stegkompensation einzustellen.

Leider sind diese Einstellmöglichkeiten für Westerngitarren ab Werk nicht erhältlich. Einige Anbieter korrigieren allerdings die Stegauflage mit Blick auf die gebräuchlichsten Saitendicken etwas nach, aber dies hat Konsequenzen, wenn auf solche Gitarren wesentlich andere Saitenstärken oder -typen aufgezogen werden, als die Stegauflage noch auszugleichen vermag. In diesen Fällen kann eine gezielte Stegkompensation durch Modifikation der einzelnen

Abbildung 32 Steg einer Westerngitarre von Portland Guitars Co. Schön zu sehen sind die schräge Anordung der Saitenreiter und deren unterschiedliche Höhen.
Quelle: © Jay Dickinson, Portland Guitars Co. URL: http://www.portlandguitars.com.

Abbildung 33 Kahler Tremolo System. Zu sehen sind die einzelnen Saitenreiter für die Kompensation der Saitensteifigkeiten und der Tonerhöhung beim Niederdrücken. Nach erfolgter Einstellung ergibt sich, je nach Saitendicken, ein schräger Verlauf der Saitenreiter. Jeder Reiter kann in der Höhe individuell eingestellt werden. Die schwarzen Schrauben hinten sind die Feinstimmer.
Quelle: © Autor Mecanismo. GNU Free Documentation Licence, Version 1.2. URL: http://en. wikipedia.org/wiki/File:Kahler_tremolo_system. JPG.

Auflagepunkte Abhilfe schaffen. Individuell einstellbare Saitenreiter für Akustikgitarren werden heute bereits von einigen Gitarrenbauern wie Jay Dickinson in Portland, USA, angeboten.

Die Besitzer von E-Gitarren sind hier in einer weitaus komfortableren Lage. Die meisten E-Gitarren haben Stege, an denen für jede einzelne Saite nicht nur deren Auflagepunkt mit einem Schraubenschlüssel stufenlos verändert, sondern deren Höhenabstand zum Griffbrett ebenfalls eingestellt werden kann, also die „Saitenlage". Für solche Stege hat sich die Bezeichnung „Brücke" eingebürgert, weil die Saite wie über eine höhenverstellbare Brücke läuft. Die Metallplatte mit den Saitenreitern muss auch nicht mehr schräg zum letzten Bund platziert werden, sondern in gerader Gegenüberstellung.

Die Einstellmöglichkeiten dieser Brücken sind von unschätzbarem Wert für eine saubere und flexible Intonation von E-Gitarren – immer bezogen auf die aktuell eingesetzten Saitentypen und -stärken. Durch die Veränderung der Saitenlagen vermögen beispielsweise Besitzer von sehr konvexen Griffbrettern auch mit dickeren Saiten ohne störendes Aufscheppern zu spielen, was sonst nicht ginge.

Checkliste <u>Der Steg auf dem Korpus der Gitarre</u>:

❶ Spielen Sie eine E-Gitarre mit massivem Korpus vor dem Kauf erst ohne elektrische Verstärkung ausführlich an. Vergleichen Sie die Klangeigenschaften dann mit Ihrem Spiel über den Verstärker. Diese Geräte mit ihren mannigfaltigen Manipulationsmöglichkeiten können Klangschwächen der Gitarre überdecken beziehungsweise wegkompensieren. Spielen Sie die Gitarre daher auch im verstärkten Zustand unbedingt clean an, also ohne jegliche Effektbeimischungen. Nötigenfalls benutzen Sie mehrere Verstärkertypen zum Vergleich des vermeintlich „cleanen" Klangbilds der Gitarre.

❷ Auf vielen E-Gitarren in den Verkaufsräumen sind die aufgezogenen Saiten bereits überdehnt, korrodiert oder abgegriffen und verhalten sich daher nicht mehr linear über das gesamte Griffbrett gleich. Dies erschwert die Klang- und Intonationsbeurteilung beim trockenen Anspielen wie auch im verstärkten Zustand.

Wenn Sie sicher gehen wollen, dann bitten Sie um ein Anspielen mit neuen, vorgedehnten Saiten und neu eingestellter Oktavreinheit.

❸ Achten Sie beim Anspielen insbesondere auf das Sustain der Töne, also die Dauer des Ausschwingvorganges einer Saite bis zum Erstummen. Diesen Test sollten Sie unbedingt erst ohne Verstärker machen. Schwingen die Saiten lange und sind nicht gerade neu, aber auch nicht heruntergespielt, ist das ein Pluspunkt. Allerdings nur im Zusammenspiel mit der Gitarre, auf der diese Saiten gerade sitzen. Ein objektiverer Test wäre daher, diesen Saitensatz auch auf einer anderen Gitarre zu testen, um zu sehen, inwieweit das positive Sustain durch die Gitarre oder die Saiteneigenschaften verursacht ist.

Abbildung 34 Fender® Telecaster®, Lite Ash. Ab Werk gibt es nur 3 Saitenreiter. Die Intonation dieser Gitarren kann daher sehr mühsam sein. Allerdings werden mittlerweile von Herstellern einzelner Gitarrenbauteile auch Saitenreiter angeboten, mit denen jede Saite für sich eingestellt werden kann (z. B. Rare Breed Guitars).
Quelle: Flickr, © Autor Ethan Prater. Wikimedia Creative Commons Lizenz, lizensiert unter GNU-Lizenz für freie Dokumentation CC BY 2.0, Attribution Unported. URL: http://www.flickr.com/photos/eprater/3379799405/.

❹ Erfragen Sie, wenn Ihnen die Gitarre zusagen sollte, beim Kauf auf jeden Fall Saitentyp und -stärken des aufgezogenen Materials und notieren Sie sich diese Daten. Denn dann können Sie das positive Sustain beim nächsten Saitenwechsel reproduzieren, indem Sie genau diesen Saitensatz verwenden.

❺ Achten Sie beim Kauf darauf, dass Ihre Gitarre über einzeln höhen- und längenverstellbare Saitenreiter verfügt, wenn Ihnen das Thema Intonation wichtig ist. Eine Fender Telecaster beispielsweise muss zwei Saiten auf einem Saitenreiter beherbergen, was die Intonation enorm erschweren kann, wenn Sie einmal die Saitenstärken ändern möchten. Auf E-Gitarren von Billigherstellern trifft dieser Mangel oftmals auch zu (falls von dort überhaupt verstellbare Saitenreiter mitgeliefert werden!).

Kapitel 2

Das westliche Tonsystem, dessen Aufbau, Sinn und Zweck

➡ **2.1 Die Entdeckung der natürlichen Obertonfolge**

2.2 Die Verallgemeinerung der natürlichen Obertonfolge in der reinen Stimmung

2.3 Die Oktave als Grundgerüst und deren Einteilung

2.4 Harmonien, Konsonanzen und Dissonanzen

2.1   Die Entdeckung der natürlichen Obertonfolge

Um das westliche Tonsystem zu verstehen, müssen wir zuerst das Verhalten schwingender Saiten kennenlernen. Warum es gerade Saiten sind und nicht etwa schwingende Stimmgabeln, Trommeln oder Ähnliches, ist einfach zu beantworten: Die Entdeckung der Obertonfolge fand an schwingenden Saiten statt und ist dort am einfachsten nachzuvollziehen. Diese Tonfolge wiederum benötigen wir, um das westliche Tonsystem begreifen zu können. Dann wird sich der Kreis schließen und wir sind bei der korrekten Intonation des Saiteninstruments Gitarre angelangt.

Die Entdeckung der Obertöne wird gemeinhin dem griechischen Mathematiker Pythagoras zugeschrieben. Pythagoras und seine Schüler experimentierten ausgiebig mit einem einfachen (Musik-)Instrument, dem sogenannten „Monochord". Dies war ein Holzkasten, über den eine Saite gespannt wurde, welche an ihrem einen Ende fest fixiert war und an ihrem anderen mit einem Gewicht gespannt wurde. Mit einer verschiebbaren Auflage („Steg") konnte man die Saite in zwei beliebige Teile unterteilen und an den so entstandenen zwei Abschnitten anzupfen. Der Holzkasten verstärkte die erzeugten Töne. Auf diese Weise wurde letztendlich ermittelt, welche Saitenlängen und daher Tonhöhen miteinander harmonieren und welche nicht.

Pythagoras fand unter anderem heraus, dass bestimmte Teilungen besser zusammenklingen als andere. Steht beispielsweise der verschiebbare Steg genau in der Mitte zwischen den anderen beiden Auflagepunkten der Saite, erhält man einen Ton, der der schwingenden Leersaite (also der Saite ohne Zweiteilung durch den verschiebbaren Steg in der Mitte) sehr ähnelt. Er klingt allerdings höher. Heute wissen wir, um „wieviel" höher dieser Ton liegt: Er ist die erste Oktave der Leersaite und schwingt mit deren doppelter Frequenz. Wir wissen auch, woran dies liegt: Der schwingende Saitenabschnitt wurde ja um die Hälfte verkürzt. Gleiches gilt für Gitarren, wenn die effektiv schwingende Länge einer Leer-

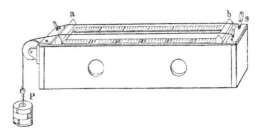

Abbildung 35 Ein Monochord nach pythagoreischem Vorbild. Die Saiten wurden mit einem Gewicht gespannt, an einem Lineal konnte die Position des verschiebbaren Steges und damit auch das Längenverhältnis der ungeteilten zur geteilten Saite ersehen werden.
Quelle: © www.academic.ru. URL: http://de.academic.ru/dic.nsf/meyers/150478/Wellenbewegung.

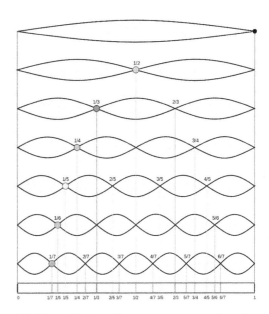

Abbildung 36 Von allen Frequenzen ist allein die Oktave symmetrisch. Sie teilt alle anderen Schwingungen entweder am Wellenberg oder Wellental. Jede andere Frequenz teilt die übrigen in nicht symmetrischer Weise. Phasenverschiebungen sind die Folge, die sich nur in der natürlichen Obertonfolge für das menschliche Ohr gut anhören.
Quelle: © Y Landman, Waxell. URL: http://commons.wikimedia.org/wiki/File:Moodswingerscale.svg.

saite um die Hälfte verkürzt wird: Durch Niederdrücken einer beliebigen Leersaite auf den 12. Bund sollte deren erste Oktave ertönen. Voraussetzung ist freilich, dass Sattel-, Bund- und Stegposition korrekt sind.

Es handelt sich also bei der Oktavbildung von Tönen um ein einfaches Gesetz: Verkürze den schwingenden Teil einer Saite um die Hälfte ihrer ursprünglichen Länge, dann erhälst du eine Tonhöhe mit der doppelten Frequenz, genannt erster Oktavton (über dem Grundton der Leersaite). Da beide Stücke der Leersaite genau die gleiche Länge haben, produzieren sie auch den gleichen Ton beim Anzupfen. Die Leersaite hat zu jeder ihrer beiden Abschnitte also das Längenverhältnis 2:1. Der Kehrwert (1:2) ist das Frequenzverhältnis.

Es gibt aber noch andere interessante Teilungen einer Leersaite. Pythagoras unterteilte seine Saite zum Beispiel in zwei Abschnitte mit dem Verhältnis 2:1. Er verschob einfach den vorhandenen Steg in der Mitte soweit nach einer Seite, bis er exakt bei einem Drittel der Leesaite zu stehen kam. Nun konnte er dieses Drittel der Saite anzupfen und auf der anderen Seite des Steges das längere Stück (⅔).

Pythagoras wollte des Weiteren wissen, wie diese Töne mit dem Grundton der nicht unterteilten Leersaite harmonieren. Hierfür brauchte er natürlich zwei Monochorde mit gleicher Saitenlänge, -stärke und -dicke, einer mit einem Steg an einem Drittelpunkt der Saite, der andere mit einem in der Mitte. Er erkannte, dass alle sich jetzt ergebenden Frequenzen für das menschliche Ohr sehr gut zusammenpassen. Auch stellte er fest, das Oktavtöne immer mit ihren Grundtönen harmonieren.

Eine für unser Thema sehr wesentliche Untersuchung des Pythagoras galt also der Beziehung zwischen zwei verschiedenen Saitenlängen und der Klangharmonie dieser gleichzeitig schwingenden Saiten. Das Verhältnis der beiden Saitenlängen drückte er immer als Leersaitenlänge zu verkürzter Saitenlänge aus. Eine beliebige Saitenlänge hat demgemäß zu ihrer ersten Oktave das Verhältnis 2:1, wie wir gesehen haben. Da eine Oktave gleichbedeutend ist mit einer Frequenzverdopplung des Grundtons, kann man dieses Verhältnis auch umkehren und es auf das Frequenzverhältnis von Leersaite zu erster Oktave beziehen (1:2). Demzufolge ist die Leersaite bei Drittelung dreimal so lang (3:1) wie das kürzere Stück und eineinhalb mal so lang wie das längere Stück (3:2). Damit ist das Frequenzverhältnis zwischen Leersaite und kürzerem Stück 1:3, das zwischen Leersaite und längerem Stück 2:3. Überaus wichtig für das Verständnis solcher Längenverhältnisse ist, dass beispielsweise das Verhältnis 3:2 sowohl angibt, dass eine Frequenzerhöhung um den Faktor 1,5 vorliegt (längeres Stück zu Leersaite), als auch, dass nach 3 Wellenlängen des höheren Tones und 2 des tieferen die Schwingungen beider Töne wieder in Phase sind. Je länger beide Töne benötigen, um wieder in Phase zueinander zu kommen, umso dissonanter ist deren Zweiklang. Nicht zu verwechseln ist dabei das *Teilungsverhältnis* der Leersaite von längerem zu kürzerem Stück (2:1) mit dem Längenverhältnis von Leersaite zu kürzerem Stück (3:1).

Um welche Töne handelt es sich bei der Teilung einer Saite im Verhältnis 2:1? Eine absolute Tonhöhe können wir nicht nennen, denn dazu müssten wir zuerst definiert haben, auf welchen Ton die Leersaite gestimmt wurde. Wir haben dies deshalb nicht beachtet, um das bisher Gesagte verallgemeinern zu können. In Tabelle 1 auf der nachfolgenden Doppelseite ist dargestellt, wie sich die Längen- und Frequenzverhältnisse ändern, wenn eine gespannte Saite sukzessive in immer mehr Teilabschnitte unterteilt wird. Dem fortgeschritteneren Gitarristen wird bekannt sein, dass solche Abschnitte auch ohne einen verschiebbaren Steg erzeugt werden können. Man muss einfach nur über bestimmten Bünden der Gitarre die Saiten leicht berühren und dabei anschlagen, ohne sie niederzudrücken. Die so erzeugten Töne werden „Flageoletttöne" genannt. Es sind dies die Obertöne, von denen in diesem Abschnitt die Rede ist. Durch das Anspielen der Saiten mittels Flageoletttechnik werden ebenso wie beim Monochord komplex schwingende Teillängen isoliert hörbar gemacht. Beim Monochord musste man allerdings beide Teillängen unabhängig voneinander anschlagen. Bei der Flageoletttechnik schwingen alle Abschnitte mit nur einem Anschlag. Diese Technik wirkt wie ein Filter auf die leere Saite. Sie dämpft deren Grundton und verstärkt, je nach Bundposition, einen bestimmten Oberton der Saite.

Interessanterweise ist es also so, dass die verschiedenen Unterteilungen einer Leersaite in deren Grundschwingung bereits „mitschwingen". Allerdings je nach verwendetem Saitenmaterial mehr oder weniger unhörbar, der Grundton dominiert. Dennoch sind solche Obertöne bei jeder Saitenschwingung präsent.

Nehmen wir einmal als Beispiel die tiefe E-Saite. Wird an ihr über dem 7. Bund der Flageolettton angeschlagen, erklingt nicht das gewohnte tiefe E, sondern, wie wir nachzurechnen in der Lage sind, das hohe h. Die Rechnung geht wie folgt: Das tiefe E hat eine Grundfrequenz von 82,41 Hz. Am 7. Bund wird die Saite gedrittelt, so dass drei gleich lange Saitenabschnitte entstehen. Die Frequenz, die ertönt, muss somit das Dreifache von 82,41 Hz betragen. Dies sind 247,23 Hz, fast exakt jene 246,9 Hz der h-Saite. Die Diskrepanz von 0,33 Hz entspricht einer Tonerniedrigung der gleichschwe-

Tabelle der natürlichen Obertonfolge

Anzahl der Teilabschnitte:	1	2	3	4	5	6
Kürzeres Teilstück Bruchteil der Grundlänge:	-	1/2	1/3	1/4	1/5	1/
Kürzeres Teilstück Vielfaches der Grundfrequenz:	-	2	3	4	5	6
Kürzeres Teilstück Frequenzverhältnis zum Ton darunter:	-	2/1	3/2	4/3	5/4	6/
Kürzeres Teilstück Intervall zum Ton darunter:	Prime	1. Oktave	reine Quinte	reine Quarte	große Terz	kleine
Kürzeres Teilstück Intervall über dem Grundton:	Prime	Oktave	1 Oktave + Quinte	2 Oktaven	2 Oktaven + große Terz	2 Okt + kle Te
Tonerzeugung als Flageolett Bund-Nummer:	-	12	7 oder 19	5 oder 24	4, 9 oder 16	
<u>Längeres Teilstück</u> Bruchteil der Grundlänge:	-	1/2	2/3	3/4	4/5	5/
<u>Längeres Teilstück</u> Vielfaches der Grundfrequenz:	-	2/1	3/2	4/3	5/4	6/5

❶ Das längere Teilstück hat dasselbe Frequenzverhältnis zur Leersaite wie das kürzere zum Ton niederer Ordnung. Dies erinnert an den goldenen Schnitt.
Auch für gegriffene Töne auf der Gitarre gilt, dass das nicht angezupfte Teilstück trotzdem schwingt. Ist die Saitenlage zu niedrig, wird dieses auf den Bünden scheppern, genannt „Back Buzzing", also Saitenrasseln hinter dem gegriffenen Ton.

❷ Die grün unterlegten Felder enthalten die wichtigsten Intervalle sowohl für die pythagoreische Stimmung als auch für das westliche Tonsystem mit seiner gleichschwebend temperierten Stimmung. Die Tabelle zeigt jedoch keine Temperierung, sondern die natürlichen Obertonintervalle.

❸ Gleiche Flageoletttöne können auf ein und denselben Saiten an verschiedene Bundpositionen erzeugt werden.
Dies liegt daran, dass die Saite physikalisch wirklich mit einer Anzahl Teilungen 1/ schwingt. Die aufgeführten Bundpositionen reproduzieren jene natürlichen Obertöne die mehr oder weniger exakt auf diese Stellen fallen.

	8	9	10	11
	1/8	1/9	1/10	1/11
	8	9	10	11
	8/7	9/8	10/9	11/10
	-	großer Ganzton	kleiner Ganzton	-
...ven ...sep- ...e	3 Oktaven	3 Oktaven + große Sekunde	3 Oktaven + große Terz	3 Oktaven + 11. Naturton
	7/8	8/9	9/10	10/11
	8/7	9/8	10/9	11/10

Abbildung 37 Tabelle der Obertonfolge, die bei natürlichen Schwingungsereignissen immer präsent ist. Eine Ausnahme bilden beispielsweise künstlich erzeugte Sinustöne und Ähnliches.

Die Tabelle zeigt die ersten elf ganzzahligen Teilungen einer Saite. Nach 16 Teilungen ist schließlich die 4. Oktave vom Grundton erreicht. Dies entspricht einem Frequenzverhältnis von $16:1$, bezogen auf einen bestimmten Grundton. Oktaven bauen sich also nach Zweierpotenzen auf gemäß der Formel 2^n, wobei n die Anzahl der produzierten Oktaven definiert. In unserem Beispiel sind es 4 Oktaven.

Alle anderen Frequenzverhältnisse zum Grundton, wie beispielsweise $3:1$, $4:1$ oder $5:1$, bilden unsere bekannten Intervalle wie Quinte, Quarte, Terz und andere. Das Oktavsystem jedoch ist augenscheinlich ein lupenreines Binärsystem, wie es auch in der Digitaltechnik verwendet wird.

Für die Gitarre gilt zudem: Egal, ob ein Spieler nur Flageoletttöne erzeugt oder die Saiten niederdrückt, es werden immer beide Teile jenseits des Fingerkontaktes schwingen. Die Schwingung jenes Teils, der beim Niederdrücken Richtung Sattel geht, wird gegebenenfalls durch andere Obertöne oder gegriffene Töne via Resonanz verstärkt. Ist die Saitenlage der gegriffenen Saite zu niedrig, wird der sattelseitige Teil der schwingenden Saite auf die Bünde scheppern, was man „Back Buzzing" nennt.

❹ Sowohl bei der natürlichen Obertonfolge als auch bei pythagoreischer wie reiner Stimmung hat das Intervall der Oktave exakt den Umfang von 1200 Cent. Die Maßeinheit Cent dient dem einfacheren Vergleich musikalischer Intervalle.

Drei Oktaven haben einen Tonunterschied zum Grundton von 3600 Cent.

❺ Der pythagoreische kleine Ganzton hat ein Frequenzverhältnis zum Ton darunter von 10/9, der große eines von 9/8. Die Differenz zwischen großem und kleinem Ganzton beträgt 21,5 Cent (81/80 Cent). Dies ist das syntonische Komma. Wird eine Gitarre nur nach Obertönen am 4., 5. und 7. Bund gestimmt, ist die hohe e-Saite genau um ein syntonisches Komma zu tief intoniert – im Vergleich zur gleichschwebend temperierten Stimmung.

bend temperierten Quinte E-h um 2 Cent gegenüber der Quinte in der reinen Stimmung. Das tiefe E beherbergt also als einen seiner Obertöne das hohe h. Dies ist das Quintintervall E-h, oder präziser gesagt, das Intervall Oktave + Quinte. Es erstreckt sich über 12 + 7 Halbtöne bis zum hohen h. Ein Quintintervall umfasst demzufolge 7 Halbtöne (zuzüglich 2 Cent in der reinen Stimmung). Dieses h kann somit auch problemlos am 19. Bund als Flageoletton erzeugt werden, denn die Saite wurde ja dreigeteilt und jeder dieser drei Abschnitte bringt den gleichen Ton hervor.

Das tiefe E beinhaltet jedoch noch andere Intervalle. Die große Terz haben wir bereits am Anfang des Buches erwähnt. Dies ist das Intervall E-gis, es erstreckt sich über 12 + 4 Halbtöne bis zum gis. Ein großes Terzintervall umfasst demnach 4 Halbtöne. Das gis kann daher sowohl am 4. Bund als auch am 16. Bund als Flageoletton erzeugt werden, denn 12 + 4 Halbtöne ergeben 16 Halbtöne. Zusätzlich aber auch am 9. und sogar über den 24. Bund hinaus, im gleichen Abstand zum Steg wie jenem des 4. Bundes zum Sattel. Da es sich bei diesem Oberton um eine Fünfteilung der Saitenlänge handelt, haben wir also insgesamt 4 Knotenpunkte, an denen wir dieses gis entlang der E-Saite erzeugen können.

Auch die Oktaven der leeren E-Saite klingen im tiefen E „versteckt" mit. Sie können für das hohe e am 12. Bund, für das eingestrichene e' am 5. und 24. Bund und für das zweigestrichene e" am 17. per Flageolett hervorgebracht werden.

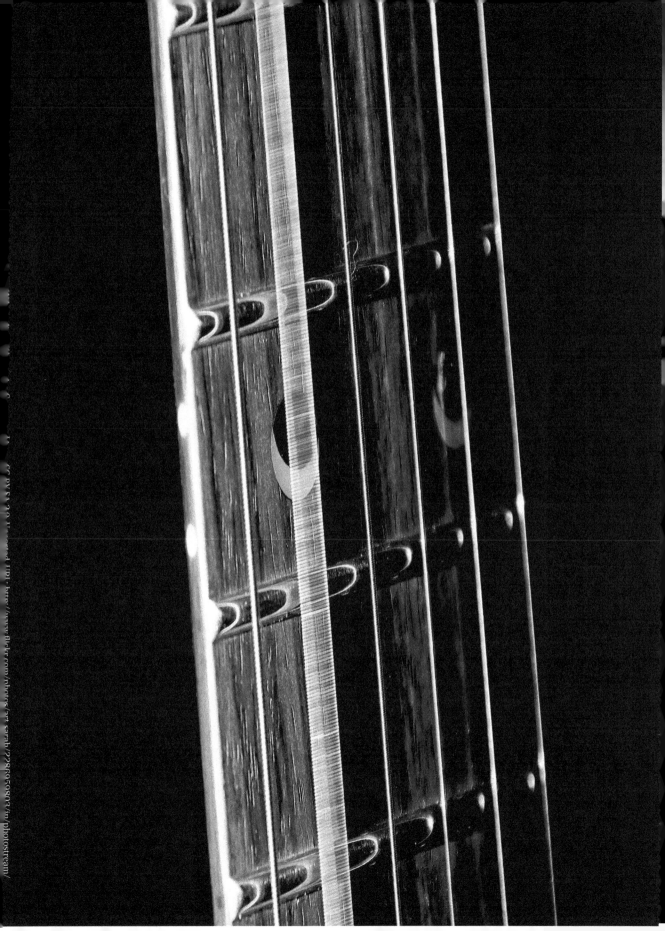

Kapitel 2

<u>Das westliche Tonsystem, dessen Aufbau, Sinn und Zweck</u>

2.2 Die Verallgemeinerung der natürlichen Obertonfolge

Für Pythagoras und seine Anhänger waren die ersten drei Verhältniszahlen der Obertonfolge heilig. Wir wir aus der Tabelle ersehen können, handelt es sich um Oktave, Quinte und Quarte, also um die relativen Frequenzverhältnisse 2/1, 3/2 und 4/3. In diesen Verhältnissen kommen im Nenner die einfachen Zahlen 1, 2 und 3 vor. Wohl auch im Zusammenhang mit der Harmonie für das menschliche Ohr, die diese Zahlen bei der Akkordbildung von Dreiklängen erzeugen, wurden sie von Pythagoras und seinen Anhängern als mystisch angesehen. Es lässt sich nicht von der Hand weisen, dass ihnen eine ähnlich tiefgründige und versteckte Realität innewohnt wie den Obertönen einer Leersaite. Denn erstens ist es tatsächlich so, dass man Dur-Dreiklänge als Quint-, Quart- und Oktavintervalle formt. Der gegriffene E-Dur-Akkord beispielsweise am 1. Bund besteht aus dem Quintton h und dem Oktavton e, welcher wiederum eine Quarte über dem h liegt. Auch die große Terz e-gis wird bei diesem Akkord benötigt (ein Quartintervall umfasst übrigens 5 Halbtöne).

Der zweite Grund für die Verehrung der Zahlen 1, 2 und 3 durch die Pythagoreer ist vermutlich dem Umstand geschuldet, dass jener alte Grieche der bekannte Mathematiker gewesen ist, auf den der „Satz des Pythagoras" in der Geometrie zurückgeht. Diesem Lehrsatz zufolge kann man ein rechtwinkliges Dreieck am einfachsten dadurch konstruieren, dass man die einzelnen Seiten (fast möchte man „Saiten" schreiben) in das Verhältnis 3:4:5 bringt. Also: man nehme eine beliebige Holzlatte und definiere deren Länge als 1. Dann suche man sich drei Latten, die eine mit der dreifachen Länge von 1, die andere mit der vierfachen und die dritte mit fünffacher Länge. Legt man diese drei Latten so auf den Boden, dass sie über ihre Endpunkte verbunden sind, ergibt sich ein rechtwinkliges Dreieck. In den Frequenzverhältnissen von Quinte, Quarte und großer Terz (3/2, 4/3, 5/4) kommen im Zähler diese Seitenverhältnisse des rechtwinkligen Dreiecks ebenso vor, und zwar für gerade jene Intervalle, die für unser westliches Tonsystem von entscheidender Bedeutung sind. Diese auffallende Gemeinsamkeit in der Geometrie, den Längenverhältnissen von Saiten, mathematischen Geraden und den Tonharmonien dürfte den Anhängern des Pythagoras schwerlich entgangen sein.

Was lässt sich nun aus dem bisher Gesagten folgern? Dass in jeder Saitenschwingung die ganze Serie ihrer Obertöne quasi mehr oder weniger „mitsingt". Insbesondere die Intervalle Oktave, Quinte, Quarte sowie große und kleine Terz mit ihren kleinen ganzzahligen Frequenzquotienten harmonieren miteinander. Dies erklärt, warum es zu dem heute gebräuchlichen Aufbau von Dreiklängen kam: Deren Töne bilden Frequenzverhältnisse, die klanglich ganz natürlich zusammengehören, sie harmonieren daher perfekt miteinander. Zudem sind verschiedene Obertöne mit ihren relativen Lautstärken – abhängig vom Saitenmaterial – auch für die individuelle Klangfärbung verantwortlich.

Die Töne der Obertonfolge sind zwar über verschiedene Oktaven verteilt, sie werden jedoch für unsere gebräuchlichen Tonleitern um die erforderlichen Oktaven nach unten gestimmt, so dass sie schließlich alle innerhalb einer Oktave zu liegen kommen. Auch lässt sich sagen, dass mit zunehmender Größe der Frequenzverhältniszahlen diverser Intervalle diese Tonkombinationen immer weniger miteinander harmonieren. Dieser Sachverhalt war bereits zu Zeiten der reinen Stimmung von Instrumenten bekannt, wurde aber erst in der Moderne weiter untersucht. Die ersten 5 Intervalle in Tabelle 1 sind demzufolge sehr konsonant, da ihre in Dur oder Moll gebildeten Dreiklänge noch unter dem dissonanzkritischen Wert von 3,91 liegen. Dieser Wert geht auf den Hamburger Mathematiker Werner Brefeld zurück, der die Dissonanzschwelle des menschlichen Gehörs mathematisch näher untersucht hat[2].

Die reine Stimmung wird auch als Quint-Terz-System bezeichnet, da deren Grundintervalle aus der Oktave, der reinen Quinte sowie der reinen großen Terz bestehen. Wir fassen zusammen, was wir bis hierher erfahren haben:

• Einfache Frequenzverhältnisse kleiner natürlicher Zahlen bilden die Basis der reinen Stimmung.

• Diese Frequenzverhältnisse sind bereits in den Obertönen schwingender Saiten angelegt.

• Die am harmonischsten klingenden Intervalle (Frequenzverhältnisse) konnten als Oktave, Quinte, Quarte und große Terz identifiziert werden.

• Eine Oktave umfasst 12 Halbtonschritte, eine Quinte 7, eine Quarte 5, eine große Terz 4 und eine kleine Terz schließlich 3 Halbtöne. In der reinen Stimmung entspricht jedoch ein Ganzton nicht gleich zwei Halbtönen. Halb- und Ganztöne unterscheiden sich um das syntonische Komma. Es wurde eingeführt, um den Wohlklang der reinen großen Terz in der Mehrstimmigkeit (Chor, Dreiklänge, Akkorde) verwenden zu können.

---

[2] BREFELD, Werner: *Zweiklang, Konsonanz, Dissonanz, Oktave, Quinte, Quarte und Terz.* http://www.brefeld.homepage.t-online.de/konsonanz.html.

Kapitel 2

Das westliche Tonsystem, dessen Aufbau, Sinn und Zweck

2.3   Die Oktave als Grundgerüst und deren Einteilung

Wie wir gesehen haben, beschert uns die natürliche Obertonfolge nicht nur konsonante und dissonante Intervalle, sondern ebenso die sieben Töne einer Tonleiter – wenn auch zunächst über mehrere Oktaven verteilt. Die Obertonfolge einer Leersaite liefert zugleich die ganze Tonleiter derselben mit. Zeitgleich gespielte Töne, die den Noten dieser Tonleiter entsprechen, harmonieren miteinander. Es sind dies in aller Regel jene Intervalle, deren Frequenzquotienten aus kleinen ganzen Zahlen bestehen. Sie stehen im Einklang mit der Obertonfolge und werden daher auch reine Intervalle genannt. Je größer die Zahlen der Frequenzquotienten werden, desto dissonanter, unreiner werden die Zweiklänge sein. Der Grund ist darin zu sehen, dass die beiden Einzelschwingungen umso länger außer Phase sind, je größer die Zahlenwerte werden. Dies resultiert dann in störenden Schwebungen, die hörbar sind und vom menschlichen Ohr als Reibung empfunden werden.

Pythagoras erkannte, dass sein Obertonsystem, welches er innerhalb einer Oktave zu einer siebenstufigen Tonleiter zusammenführen wollte, ein Problem beherbergte: Man kann nämlich mit diesem System nicht von der Tonart eines Grundtones in eine beliebige andere wechseln, ohne dabei sehr störende Dissonanzen zu erzeugen. Denn die natürliche Obertonfolge besitzt nicht nur keine gleich großen Halb-, sondern auch keine gleich großen Ganztonschritte. Damit können Ganztonschritte auch nicht exakt das Doppelte der Halbtonschritte betragen. Folge dieses Umstandes ist, dass innerhalb des Systems der Obertonfolge mit seinen Intervallen nicht beliebige Tonartwechsel möglich sind, ohne aus reinen Intervallen unreine zu machen. Anders formuliert: Beim Wechsel in andere Grundtonarten werden aus bestimmten Konsonanzen plötzlich Dissonanzen. Diese Diskrepanzen sind zwar klein, aber unüberhörbar für das menschliche Ohr. Bundlose Instrumente (Violine, Blasinstrumente) und auch der menschliche Gesang können diese Diskrepanzen durch beliebiges Ansteuern unterschiedlicher Tonhöhen umgehen, Geräte mit fest eingebauten Tonhöhenabständen wie Tasten- oder bundierte Saiteninstrumente jedoch nicht.

Die heutige Einteilung der Oktave in 12 Schritte geht auf Pythagoras zurück. Sein auf reinen Quinten basierendes System sollte nach 12 Tonartwechseln exakt sieben Oktaven durchlaufen. Wie wir noch sehen, geht diese Rechnung nicht ganz auf. Jedoch blieb es bei der Einteilung der Oktave in 12 Schritte, da der pythagoreische Quintenzyklus von 7 Grundtönen mathematisch leicht um 5 Zwischen- auf 12 Halbtöne ergänzt werden kann.

Zum Schluss dieses Kapitelabschnitts noch ein wenig Zahlenmystik: Das Stimmen mit der 5./7.-Flageolettmethode läuft darauf hinaus, drei reine Quartintervalle hintereinander auszuführen, gefolgt von einer reinen großen Terz und schließlich einem weiteren reinen Quartintervall. Mathematisch heißt das, die Frequenzverhältnisse der einzelnen Intervalle einfach miteinander zu multiplizieren:

$$4/3 \times 4/3 \times 4/3 \times 5/4 \times 4/3 = 320/81 = (80 \times 4)/81 = 3{,}950617$$

Zur Berechnung der Cent-Differenz von tiefer E-Saite (Grundton, gleichschwebend temperiert) zu hoher e-Saite (2. Oktave) muss man aus diesem Wert den Zweierlogarithmus bilden und dann mit 1200 (Anzahl Cent einer Oktave) multiplizieren:

$$\mathrm{Log2}(3{,}950617) = 1{,}982078$$

$$1{,}982078 \times 1200 = 2378{,}4936 \text{ Cent} \neq 2400 \text{ Cent}$$

Die Differenz dieses Centwertes zu dem von 2 natürlichen Oktaven beträgt 21,5064, also das syntonische Komma. Bitte beachten Sie, dass wir hier nicht einen Unterschied in den Tonhöhen von verschiedenen Oktaven gefunden haben. Wir haben lediglich die Verstimmung der zwei Oktaven über dem tiefen E gelegenen hohen e-Saite relativ zur gleichschwebenden Stimmung mathematisch hergeleitet.

Es ist interessant, dass das syntonische Komma in der Darstellung als Frequenzquotient 81/80 beträgt. Das scheint ein merkwürdiges Zahlenverhältnis zu sein. Dessen Kehrwert (80/81) schreibt sich dezimal

0,987654320987654320 usw.

Es fällt auf, dass die 1 nicht in dieser Dezimalzahl vorkommt. Die 1 ist aber die erste Stufe der Tonleiter, die den Anfangs- und Endpunkt jeder Oktave bildet. Der Kehrwert von 81 beträgt überraschenderweise

$$1/81 = 0{,}012345679012345679 \text{ usw.}$$

Hier sticht ins Auge, dass die 8 nicht in dieser Dezimalzahl zu finden ist. Die 8 ist jedoch die achte Stufe der Tonleiter, es ist die Oktave. Diese hat offenbar eine Sonderstellung, die sie über die rationalen Zahlen erhebt. Die alten Meister scheinen Recht gehabt zu haben: Musik und Mathematik hängen enger miteinander zusammen als gedacht.

Kapitel 2

Das westliche Tonsystem, dessen Aufbau, Sinn und Zweck

2.4   Harmonien, Konsonanzen und Dissonanzen

Pythagoras kam zur genauen Definition der Lage seiner zwölf Töne, indem er seine „heilige" Quinte zu Hilfe nahm. Denn die pythagoreische Tonleiter wird mittels reiner Quinten erzeugt. Dies kann man an der Gitarre erreichen, indem man eine Leersaite mit Hilfe des Flageoletttons drittelt. Nach der Höhe dieses Flageolettons stimmt man die Saite eine Oktave tiefer. Die Tonhöhe notiert man sich in einer Tabulatur. Der erlangte Ton ist das Quintintervall zum Ursprungston (Leersaite). Diese Prozedur führt man insgesamt zwölf mal durch und erhält damit zwölf unterschiedliche Töne. Eigentlich sollte nach zwölf Wiederholungen wieder der Grundton erreicht sein, denn zwölf Quinten (zu je sieben Halbtonschritten) sollten sieben Oktaven entsprechen. Es sollte sozusagen 12 x 7 gleich 7 x 12 sein. Sollte! Mit dieser Prozedur wird aber ein Endton erreicht, der gegenüber dem Grundton um 23,46 Cent zu hoch liegt (Einheit Cent: Jeder Halbtonschritt hat in der gleichschwebend temperierten Stimmung einen Tonhöhenabstand zum vorherigen Halbton von 100 Cent. Eine Oktave hat daher eine Tonhöhenabstand von 1200 Cent zum Grundton). Dies ergibt sich daraus, das die *reine Quinte* ein Tonhöhenintervall von 702 Cent hat, also 2 Cent mehr, als für das exakte Erreichen der Grundtonhöhe erforderlich wäre (genau sind es 1,955 Cent).

Diese Problematik wird auch als Pythagoreisches Komma bezeichnet. Sie resultiert, wie erwähnt, aus dem Umstand, dass die natürliche Obertonfolge keine völlig gleich großen Intervalle für Töne verschiedener Tonleitern bietet. Daher passen auch in sieben identisch große Oktaven keine zwölf Quinten, die, von verschiedenen Grundtönen der Obertonfolge aus gebildet, nicht exakt gleich groß sind. Eine Ausnahme macht nur die Oktave. Diese ist sowohl in der gleichschwebend temperierten Stimmung als auch in sämtlichen anderen Stimmungen in allen Tonarten identisch.

Wenn ein Gitarrist seine Leersaiten mit Hilfe der 5./7.-Flageolettmethode intoniert, ergibt sich pro Saite eine Verstimmung nach unten von jeweils 2 Cent für die A-, D- und g-Saite. Letztere wird somit bereits um 6 Cent zu tief klingen, verglichen mit der gleichschwebend temperierten Stimmung. Wird nun auch noch die g-Saite für die h-Saite als Referenz gewählt, gerät das offene h um 20 Cent zu tief. Denn das gleichschwebende Intervall zwischen leerer g- und h-Saite ist eine große Terz, und diese ist in der Obertonfolge *14 Cent tiefer* als in der gleichschwebenden Stimmung. Nachdem dann schlussendlich die e-nach der h-Saite ausgerichtet wurde, ist sie 22 Cent zu tief gestimmt im Vergleich zur tiefen E-Saite. Die Leersaiten sind danach wie folgt intoniert:

Stimmen mittels 5./7.-Flageolett-methode	Verstimmung (in Cent)	reine Intervalle (in Cent)	gleichschweb. Intervalle (in Cent)
e 5./7. Bund	- 20 - 2 = - 22	498	500
h 4./5. Bund	14 - 6 = - 20	386	400
g 5./7. Bund	- 4 - 2 = - 6	498	500
D 5./7. Bund	- 2 - 2 = - 4	498	500
A 5./7. Bund	0 - 2 = - 2	498	500
E 5. ↑ Bund Leersaite, nach Stimmgerät	0 (tiefe E-Saite nach Stimmgerät, gleich-schwebend)		von A bis g: Quartintervalle von g nach h: große Terz von h nach e: Quartintervall

Abbildung 38

Die Tabelle zeigt die Verstimmungen der Leersaiten bezüglich der leeren E-Saite. Sie sind untereinander von A nach g und von h nach e (Quartintervalle) um jeweils 2 Cent zu niedrig gestimmt im Vergleich zur gleichschwebenden Temperierung. Die große Terz von g nach h liegt um ganze 14 Cent zu niedrig. Am Ende ergibt sich eine Verstimmung der e-Saite gegenüber der tiefen E-Saite von -21,506 Cent, das syntonische Komma.

Das syntonische Komma ist ein Korrekturwert, den man in der reinen Stimmung benötigt, um möglichst dissonanzfrei Dreiklänge mit Quinten, großen und kleinen Terzen intonieren zu können. Wir haben also mit der 5./7.-Flageolettmethode unsere Leersaiten exakt nach der reinen Stimmung ausgerichtet, und deren Töne harmonieren nun nicht mehr mit den gegriffenen der gleichschwebend temperierten Stimmung. Wen wundert es, haben wir doch mehr oder weniger genau das rückgängig gemacht, was die gleichschwebend temperierte Stimmung uns ermöglichen wollte: Die konsonant klingenden Wechsel durch beliebige Tonarten. Auch alle anderen Reihenfolgen, mit denen die Leersaiten ausschließlich per Gehör mittels Flageolettönen aufeinander abgestimmt werden, führen samt und sonders zur Inkonsistenz.

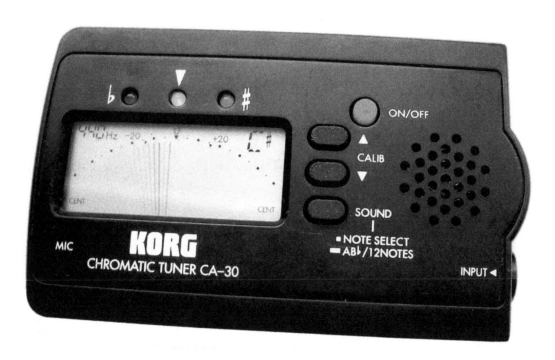

Kapitel 3   Die Analyse der Intonationsprobleme

➡   3.1   Intonieren: Eine Aufgabe in drei
                Dimensionen

3.2   Der Faktor Linearität

3.3   Fehlerkompensation

3.1 Intonieren: Eine Aufgabe in drei Dimensionen

Wir sind nun soweit, die intonationsrelevanten Bauteile einer Gitarre in ein überschaubares Bild zu bringen. Dieses wird uns helfen zu verstehen, wie das Instrument selber und das verwendete Tonsystem zusammen die bekannten Intonationsprobleme verursachen.

Tonhöhenrelevante Parameter einer Gitarre treten, wie wir gesehen haben, in zwei räumlichen und einer abstrakten Dimension auf. Der erste räumliche Bereich ist jener lotrecht zur Griffbrettoberfläche. In ihm wird mit entschieden, ob die Tonhöhen nach dem Niederdrücken der Saiten zu hoch oder korrekt erklingen. Die zweite räumliche Dimension ist jene längs der Griffbrettoberfläche. Auf ihr sind die Positionen von Sattel, Bünden und Steg festgelegt, um die gleichschwebend temperierte Stimmung einer Gitarre zu erlangen. Die abstrakte dritte Dimension ist die der gleichschwebend temperierten Stimmung und ihrer Unterschiede zum Ideal der reinen Stimmung.

Die Parameter längs der Griffbrettoberfläche listen wir im Folgenden komplett auf. Es sind dies im Einzelnen, bei der Kopfplatte angefangen:

1. Der Sattel und seine Platzierung wie auch seine Kerbenpositionen relativ zum 1. Bund (Sattelkompensation)
2. Die Gleitfähigkeit der Kerben
3. Die Möglichkeit, die Saiten am Sattel festzuschrauben (Klemmsattel)
4. Die richtigen Bundpositionen gemäß der verwendeten Mensur
5. Die korrekten Positionen der Saitenreiter am Steg entsprechend den verschiedenen Saitenquersteifigkeiten (Stegkompensation)
6. Die unterschiedlichen Längssteifigkeiten der Saiten

Die Parameter senkrecht zu Griffbrettoberfläche sind:

1. Der Sattel und seine unterschiedlichen Kerbentiefen (Sattelkompensation) und die Güte seiner Materialeigenschaften, um Resonanzen bestmöglich nach unten auf den Hals zu übertragen
2. Eventuelle Wölbungen des Gitarrenhalses und damit auch des Griffbrettes
3. Die verschiedenen Griffbrettradien und deren Konsequenzen für Saitendicken, Saitenlagen und Spieltechniken (Bending, Tapping etc.)
4. Die Höhe der Bünde
5. Die Höhe der Saitenauflagepunkte am Steg (höhenverstellbare Saitenreiter für die Justierung der Saitenlagen)

6. Unterschiedliche Quer- und Längssteifigkeiten der verschiedenen Saiten beim Niederdrücken derselben
7. Die passenden Höheneinstellungen der Tonabnehmer, um eine „Stratitis" bestimmter Saiten auszuschalten

Die Dimension senkrecht zum Griffbrett wollen wir näher ansehen. Wie bereits dargelegt, müssen beim Einstellen der Saitenreiter die Tonerhöhungen durch das Niederdrücken der Saiten mit kompensiert werden. Nun ist es aber in aller Regel so, dass der Abstand der Saiten zum Griffbrett in Richtung Steg kontinuierlich *zunimmt*. Bei der Einstellung der Oktavreinheit am 12. Bund würden also streng genommen nur der gegriffene Ton sowie dessen Leersaite oktavrein sein. Gegriffene Bundpositionen jenseits des 12. Bundes haben einen anderen Abstand zum Griffbrett und würden eigentlich andere Stegkompensationen benötigen.

Hier nun springt die Mathematik hilfreich ein. Je weiter wir uns dem Steg annähern, desto größer ist der Abstand einer Saite zum Griffbrett. Dies muss so sein, da sonst beim Greifen der Töne der aktiv schwingende Teil einer Leersaite auf den Bünden scheppern würde. Eine Saite schwingt ja, wie wir gesehen haben, mit einem Bauch auf- und abwärts (aber auch seitwärts). Diese Auf- und Abwärtsbewegung ist es, die den Gitarristen nötigt, die Saitenlage nicht vollständig parallel zum Griffbrett auszurichten. Interessanterweise kompensiert die Mathematik diesen Sachverhalt. Denn je näher am Steg eine Saite niedergedrückt wird, desto höher ist der prozentuale Anteil der stegseitig eingestellten Saitenverlängerung an der Gesamtlänge des aktiv schwingenden Teils. Da eine Saitenverlängerung gleichbedeutend ist mit einer Absenkung der Tonhöhe, wird dadurch die allmähliche Tonerhöhung der gegriffenen Saiten hin zum Steg wieder sukzessive wegkompensiert. Dieser mathematische Zusammenhang folgt einer Linearität, die gewährleistet, dass die anfänglich eingestellte Stegkompensation nicht nur für die gegriffenen Töne am 12. Bund die Tonerhöhungen kompensiert, sondern für alle gegriffenen Töne in den höheren Bünden.

Allerdings nimmt diese Art der Kompensation zum Sattel hin immer mehr ab, *bezogen auf das Ausmaß der Kompensation am letzten Bund korpusseitig.* Der Sattel und seine Leersaiten wurden behandelt, als bildeten sie lediglich einen weiteren Bund mit 6 niederdrückbaren Saiten. Betrachtet man die Saiten, die auf diesem „nullten Bund" aufliegen, bereits als „gegriffen", enthüllt sich die ganze Inkonsistenz auf einen Blick: die Saitenlage ist einschließlich des „Niederdrückens am nullten Bund" viel zu hoch – im Vergleich zu jener bei den restlichen Bünden. Einer dieser Bünde ist der 12., an dem die Leersaiten mit den dort gegriffenen Tönen abgeglichen wurden. Daher werden eben diese Leersaiten im Vergleich zu den gegriffenen Tönen am 1. Bund immer zu tief erklingen, da bei Ihnen die Tonerhöhung durch Niederdrücken weg-fällt, sie aber bei der Einstellung der Oktavreinheit mitkompensiert wurden. Die Leersaiten können in den Sattelkerben nicht mehr weiter hinunter in Richtung Griffbrett wandern, es sei denn, man wendet die Sattelvertiefung an und stellt danach die Oktavreinheit erneut ein. Tut man dies, dann reduziert sich das Maß der benötigten Stegkompensation für die ersten zwei bis drei Bünde auf ein Minimum und damit die unnötige Kompensation der Leersai-ten auf nahezu Null. Bei einem zu hohen Sattel kommt der Umstand hinzu, dass der Abknickwinkel der Saiten dort beim Greifen in den ersten Bünden ebenfalls wesentlich höher ist als bei den nachfolgenden. Dadurch maximiert sich die Saitenspannung beim Niederdrücken zusätzlich. Daher werden im Bereich der ersten zwei bis drei Bünde die gegriffenen Töne, relativ zu den Leersaiten, immer zu hoch klingen, wenn der Sattel nicht kompensiert wird. Das Intonationsproblem liegt also in der Tatsache, dass das mathematische Modell von Saitenspannungen und -längen in der Theorie zwar korrekt sein mag, aber außer Acht lässt, dass reale Saiten (die in unterschiedlichen Stär-ken aufgezogen sein können) vertikal Platz zum Ausschwingen brauchen und der Sattel daher immer – je nach *verwendeten Saitenstärken* – mehr oder weniger höher sein muss als die anderen Bünde.

Umgehen kann man die geschilderten Tonhöhendiskrepanzen, indem man entweder die Sattelkerben so tief macht, dass die schwingende Saite beim Greifen am 1. Bund sich gerade noch berührungsfrei über dem 2. Bund be-wegt und also auf diesen nicht aufscheppert, oder man kompensiert den Sattel. Das heißt dann, man verändert den Sattel so, dass die Auflagepunkte der *Leersaiten* näher an den 1. Bund rücken. Die Leersaiten werden dadurch verkürzt, deren Töne damit erhöht und die Tonhöhendiskrepanzen zwischen offenen und gegriffenen Saiten verschwinden. Dies funktioniert, da die Span-nungen der Leersaiten bei diesem Vorgehen nicht verändert werden, son-dern nur deren Mensurlängen. Werden dann Töne gegriffen, spielen diese Mensurlängen keine Rolle mehr für die resultierenden Tonhöhen, denn diese hängen einzig vom Abstand gegriffener Bünde zum Steg ab.

Verfügt man übrigens über v-förmige Sattelkerben, kann man problemlos auf andere Saitenstärken wechseln, ohne die Kerben in ihrer Tiefe oder Breite anpassen zu müssen. Für die problematischen g-, h- und e-Saiten können dann dickere Saiten eingesetzt werden, um störende Tonhöhendiskrepanzen abzumildern, ohne erst die Kerben ausfeilen oder zuspachteln zu müssen.

Kapitel 3   <u>Die Analyse der Intonationsprobleme</u>

3.2 Der Faktor Linearität

Beim Stimmen der Leersaiten nach der natürlichen Obertonfolge tritt die Diskrepanz zwischen gleichschwebend temperiertem Griffbrett und den auf die reine Stimmung ausgerichteten Saiten deutlich zu Tage. Akkordwechsel hören sich grausam an. Es gibt also für das Intonieren der Gitarre entsprechend der gleichschwebend temperierten Stimmung keine Alternative.

Zu berücksichtigen ist die Kompensation der Saiteneigenschaften durch Justierung der Saitenreiter am Steg. Wird dies nicht getan, arbeitet die im letzten Kapitelabschnitt erwähnte natürliche Kompensation der in Richtung Steg anwachsenden Saitenlage gegen den Gitarristen. Dann nämlich werden die Töne in Richtung Steg zunehmend zu hoch erklingen (immer verglichen mit dem Soll-Wert, der durch die Bundpositionen festgelegt ist). Dieses Problem tritt insbesondere bei Westerngitarren auf, denn diese verfügen in aller Regel über keine verstellbaren Saitenreiter am Steg und verwenden, im Gegensatz zu Konzertgitarren, Stahlsaiten mit bekanntlich höheren Steifigkeiten als Nylonsaiten.

Die Stegkompensation funktioniert allerdings nur in der beschriebenen Weise, wenn eine weitere Bedingung erfüllt ist, nämlich dass der Sattel an der mathematisch richtigen Position sitzt. Da die Bundabstände relativ zur Sattelplatzierung berechnet wurden, können bei einem falsch gesetzten Sattel die Bundpositionen nicht mehr stimmen. Aber wann ist ein Sattel falsch positioniert? Immer dann, wenn er entweder zu nah am oder zu weit weg vom 1. Bund sitzt. Die richtige Position ist die, bei der sowohl die Leersaiten als auch die gegriffenen Saiten an den ersten zwei bis drei Bünden die korrekten Intervalle der gleichschwebend temperierten Stimmung erklingen lassen. Um dahin zu kommen, gibt es, wie erwähnt, zwei Strategien: zum einen die Sattelkompensation (Positionsverschiebung der einzelnen Auflagepunkte für die unterschiedlichen Saiten), zum anderen die Sattelvertiefung. Nur bei der zweiten Methode können die Sattelkerben die mathematisch korrekte Position beibehalten (beide Eingriffe können auch kombiniert werden).

Nehmen wir einmal an, wir haben die Stegkompensation an einer E-Gitarre durchgeführt, um sie für unseren Saitensatz oktavrein zu intonieren, und stellen fest, dass die gegriffenen Töne am 12. Bund mit den Flageoletttönen dort übereinstimmen. Dies gewährleistet noch lange nicht, dass die Gitarre nun korrekt intoniert ist. Denn wenn der Sattel nicht mathematisch richtig positioniert ist, beispielsweise etwas zu nahe am 1. Bund sitzt, haben wir folgende Situation: In Richtung Steg werden die Töne immer mehr zu hoch erklingen, in Richtung Sattel immer mehr zu tief.

Wie es um die Position des Sattels Ihrer Gitarre bestellt ist, können Sie relativ leicht herausfinden – falls Ihre E-Gitarre über einzeln verstellbare Saitenreiter verfügt: Stimmen Sie die Gitarre oktavrein, indem Sie die Töne der Leersaiten mit den gegriffenen Tönen am 12. Bund in Übereinstimmung bringen. Wie dies genau geht, erkläre ich Ihnen im nächsten Kapitel. Wichtig ist momentan nur, dass die Gitarre zunächst am Steg kompensiert wurde, um die richtigen Rückschlüsse ziehen zu können. Haben Sie die Oktavreinheit eingestellt und werden die gegriffenen Töne in Richtung Steg zunehmend zu hoch, also höher als es nach Ihrem Stimmgerät (im Modus „Gitarre" bzw. „gleichschwebend temperiert") vorgegeben ist, weist dies darauf hin, dass der Sattel zu nahe am 1. Bund sitzt. Erhärtet werden kann dieser Verdacht, wenn in Richtung Sattel die Töne zunehmend zu niedrig klingen (der 12. Bund definiert diese Richtungsangaben). Bei Westerngitarren, die ab Werk über keine korrigierbare Stegauflage verfügen, kann in diesem Fall auch zusätzlich der *Steg* zu nahe am 1. Bund angebracht sein, das heißt, es wurde beim Bau der Gitarre schlicht vergessen, die benötigte Stegkompensation anzuwenden.

Sollte es sich mit den Tonhöhenverschiebungen Richtung Sattel und Steg bei Ihnen genau umgekehrt verhalten, liegt das vor, was in den meisten Fällen zu beobachten ist: Der *Sattel ist zu weit vom 1. Bund entfernt*. Für Westerngitarren gilt wieder ergänzend: Der *Steg* kann zusätzlich *zu weit vom 1. Bund entfernt* sein.

Erst wenn Sie wissen, wie es um die Position des Sattels Ihrer Gitarre bestellt ist, können Sie beginnen, sich für Lösungen der Intonationsprobleme zu entscheiden. Bei namhaften Gitarrenherstellern sitzen die Bünde zumeist an der richtigen Stelle. Jedoch ist die korrekte Sattelposition nicht immer gegeben. Daher empfiehlt es sich, zunächst das in diesem Buch auf Seite 26 erläuterte Nachmessen der aktuellen Sattelposition zu beherzigen. Sitzt Ihr Sattel mathematisch einwandfrei und die Gitarre lässt sich an den Bünden nahe dem Sattel trotzdem nicht vernünftig intonieren, sollten Sie einen erfahrenen Gitarrenbauer zu Rate ziehen sowohl für die Analyse als auch für die Korrektur dieses Problems. Sehr wahrscheinlich müssen zumindest die Kerbentiefen des Sattels und je nach Sattelposition dieser selbst korrigiert werden, um die korrekte Intonation der Gitarre zu erzielen. In einfacheren Fällen hilft allein eine Korrektur der Kerbentiefen, die Sie niemals selbst durchführen sollten – es sei denn, Sie haben jahrelange Erfahrung auf diesem Gebiet. Ansonsten besteht die Gefahr, dass Sie Ihre Gitarre und deren Intonationsfähigkeit nachhaltig beschädigen. Bei Westerngitarren, die über keine korrigierbare Stegauflage verfügen, ist eine korrekte Intonation von Steg und Sattel bei weitem schwieriger. Hier hilft nur der Einbau eines verstellbaren Steges, falls die Gitarre auch in den höheren Bünden sauber intoniert werden soll.

Kapitel 3

<u>Die Analyse der Intonationsprobleme</u>

3.3   Fehlerkompensation

Lassen Sie uns die wichtigsten Eckpunkte der gleichschwebend temperierten Stimmung noch einmal zusammenfassen:

- Alle Halbtonschritte sind gleich groß
- Alle Ganztonschritte sind gleich groß
- Zwei Halbtonschritte ergeben einen Ganztonschritt
- Alle Intervalle sind in allen Tonarten gleich groß
- Das Intervall der großen Terz ist gegenüber der reinen Stimmung um 14 Cent erhöht
- Das Intervall der kleinen Terz ist gegenüber der reinen Stimmung um 16 Cent erniedrigt
- Das Intervall der Quinte ist gegenüber der reinen Stimmung um 2 Cent erniedrigt
- Das Intervall der Quarte ist gegenüber der reinen Stimmung um 2 Cent erhöht
- Das Intervall der Oktave ist sowohl in der reinen Stimmung als auch in allen anderen Stimmungen identisch

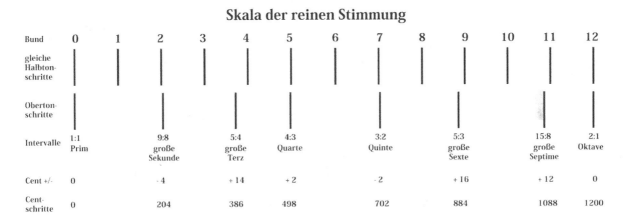

Abbildung 39

Abbildung 39 zeigt die Tonhöhendifferenzen zwischen den Intervallen der reinen und der gleichschwebend temperierten Stimmung. Die Obertonintervalle sind heruntertransponiert, so dass sie alle innerhalb einer Oktave zu liegen kommen. Jene Intervalle, die am meisten von der reinen Stimmung abweichen, sind große Terz sowie große Sexte und Septime. Die große Terz ist im Vergleich zur reinen Terz 14 Cent größer. Die große Septime ist 12 Cent größer. Da jedoch die große Septime ohnehin mit einer Ratio von 15/8 im Bereich der Dissonanzen liegt, kommt ihr eine Anhebung um 12 Cent zugute.

Was bleibt, sind die zu große Sexte und die zu große Terz, die beide für verschiedene Akkordgriffe auf unterschiedlichen Saiten zu liegen kommen und daher durch ein Nachintonieren bestimmter Saiten nicht ohne Konsequenzen harmonisiert werden können. Tut man dies doch, verändert sich automatisch die Größe anderer Intervalle, die auf die gleichen Saiten angewiesen sind.

Für Studioaufnahmen, bei denen der Produzent als Vorgabe die Aufnahme in reiner Stimmung fordert, können die Unterschiede zwischen beiden Temperierungen zu einem zeitaufwendigen Problem werden. In der Regel ist es dann so, dass entweder tatsächlich bestimmte Saiten auf die reine Stimmung nachgestimmt werden. In diesem Fall aber müssen die dadurch optimierten Akkordmuster über das ganze Griffbrett hinweg ausschließlich zum Einsatz kommen. Wird beispielsweise der E-Dur-Akkord nachgestimmt, kommen nur er und die korrespondierenden E-Dur-Barrégriffe zum Einsatz. Nach dem Recording wird wieder auf andere Akkorde umgestimmt. Oder es werden mehrere Aufnahmen mit leicht differierenden Intervallen übereinanderlegt, damit sich die dissonanten Klänge herausmitteln. Auch diese Methode ist sehr zeitaufwendig, ebenso wie das Suchen nach alternativen Griffmustern, die für ihre Intervalle auf andere Saiten zurückgreifen als die, die bereits nachgestimmt wurden.

Die eleganteste Lösung wäre sicherlich, für jede Tonart ein auswechselbares Griffbrett für eine Studiogitarre zur Verfügung zu haben. Damit ersparte man sich sowohl mehrfache Aufnahmen als auch zeit- und nervenaufreibende Einstimmarbeit. Solche auswechselbaren Griffbretter, bei denen die Bünde auf eine bevorzugte Tonart hin zerschnitten („staggered fretboards") oder gebogen (siehe Abb. Seite 77) und dann gesetzt werden, gab es in der Vergangenheit bereits. Offensichtlich hat sich diese Lösung nicht durchgesetzt, aus welchen Gründen auch immer. Dafür haben viele Gitarrentechniker für namhafte internationale Bands im Studio zu Verzweiflungstaten gegriffen. Beispielsweise wurden Teile von Zahnstochern vor bestimmte Abschnitte von Bünden geklebt, um möglichst nahe an die reine Stimmung heranzukommen. Damit legt man sich jedoch ein weiteres Mal auf einen eingeschränkten Satz Akkordgriffe pro Griffbrett fest.

Eine interessante Alternative für das Problem der erhöhten Saitenspannung beim Niederdrücken bietet die E-Gitarrenbrücke der Firma Evertune. Bei ihr ist keine Saite fest verankert, sondern jede einzelne an einem Federsystem aufgehängt, mit dem die erhöhte Spannung beim Niederdrücken aufgefangen wird. Leider ist mit dieser Technik ein Bending der Saiten sowie der Einsatz eines Tremolos nicht möglich.

Die Analyse der Intonationsprobleme | Fehlerkompensation

Kapitel 4

So geht es richtig!

➡ **4.1 Checkup vor dem Intonieren**

4.2 Mehrere Schritte führen zum Ziel

4.2.1 Oktavreinheit

4.2.2 Sattel- und Stegposition

4.2.3 Feintuning

4.3 Zusammenspiel mit anderen Instrumenten

4.1   Check-up vor dem Intonieren

Eine Gitarre kann nur optimal intoniert werden, wenn die baulichen Voraussetzungen dafür gegeben sind. Bevor Sie also ans Werk gehen, sollten Sie erst folgende Parameter Ihrer Gitarre prüfen:

- Ist der Gitarrenhals gerade?

- Haben die Bünde alle dieselbe Höhe oder ist eine Abrichtung erforderlich?

- Ist die Saitenlage entsprechend Ihren Präferenzen und den verwendeten Saitenstärken eingestellt?

- Ist die Saitenlage am 1. Bund so tief wie möglich, ohne dass die Saiten beim Anschlagen oder beim Bending auf den Folgebünden aufsetzen (eine niedrige Saitenlage ist notwendig, um auch am 1. Bund ein korrektes Verhältnis zwischen Tonhöhen von Leer- und gegriffenen Saiten zu erzielen). Eine am 3. Bund niedergedrückte Saite sollte idealerweise nicht mehr und nicht weniger Abstand zur Oberkante des ersten Bundes haben, als der Dicke eines Blattes Papier entspricht.

- Sind die Saiten alt, korrodiert oder verhalten sich unberechenbar? Dann wird es Zeit für einen Saitenwechsel. Sind die Mechaniken in einem guten Zustand und wurden die Saiten dort verrutschungssicher aufgezogen?

- Falls Sie eine E-Gitarre intonieren und diese ein Tremolosystem hat, versichern Sie sich, dass dieses einwandfrei arbeitet. Mit einem defekten Tremolosystem kann man schwerlich korrekt intonieren, insbesondere wenn es sich um ein freischwebendes Tremolo handelt. Um dieses System zu testen, betätigen Sie den Hebel nach jedem Verstellen der Saitenreiter, der Mechaniken oder der Feinstimmer nach oben und unten. Verändern sich nach dem Loslassen des Hebels die bisher eingestellten Tonhöhen, ist das Tremolo nicht verstimmungssicher.

- Falls Sie eine Akustikgitarre intonieren, versichern Sie sich, dass die Stegauflage (wenn es sich nicht um eine bereits kompensierte Auflage handelt) nicht mit den Jahren unmerklich etwas in Richtung Schallloch gekippt ist. Falls doch, muss dies korrigiert werden, da ansonsten die Tonhöhen zum Steg hin mehr und mehr zu hoch sein werden.

Falls mehrere Punkte dieser Auflistung bei Ihrer Gitarre nicht erfüllt werden können, empfiehlt sich der Gang zum Profi. Dies ist wichtig, da korrektes Arbeiten an Sattel, Steg oder den Bünden einige Erfahrung voraussetzt. Die Saitenlage kann für E-Gitarren mit entsprechenden Saitenreitern selbst eingestellt werden, jedoch nur nach erfolgter Ausrichtung des Gitarrenhalses. Dies wiederum sollte man dem Fachmann überlassen, um das Instrument nicht zu beschädigen.

Für Stege von Akustikgitarren gilt dasselbe: Diese sollten nur vom Fachmann korrigiert, ein- oder ausgebaut werden. Es gibt weltweit in jedem größeren Ballungsgebiet Gitarrentechniker, die solche Arbeiten mit dem nötigen Augenmaß durchführen werden.

Wenn die oben genannten Punkte geklärt sind, können Sie sich daran machen, zunächst die Oktavreinheit Ihres Instrumentes einzustellen. Was Sie jedoch dabei dringend beachten sollten, ist dies:

- Beim Stimmen mittels der Mechaniken auf der Kopfplatte oder den Feinstimmern auf der Brücke sollten Sie die jeweilige Saite immer erst ein wenig herunter und dann wieder langsam hochstimmen, bis die Zieltonhöhe erreicht ist.

- Benutzen Sie stets ein Stimmgerät. Feinstimmen nach Gehör ist etwas für Menschen mit absolutem Gehör. Da in jedem angeschlagenen Ton auch viele Obertöne mitschwingen und Schwebungen verursachen, ist ein Stimmen nach Gehör nur etwas für diejenigen, die genau verinnerlicht haben, wie die Intervalle zu klingen haben, oder für Menschen mit Ausnahmetalent.

- Stellen Sie Ihr Stimmgerät auf die gleichschwebend temperierte Stimmung ein. Bei den meisten Stimmgeräten nennt sich diese Einstellung „Gitarre", „Guitar" oder „equal tempered". Verwenden Sie ein hochwertiges Stimmgerät, idealerweise einen „Strob-Tuner", der die feinsten Tonhöhenunterschiede als bewegtes Muster anzeigt. Stimmen zwei Töne überein, steht das Muster still. Diese Geräte sind zwar teurer als Standardstimmgeräte, bieten aber dafür bei regelmäßiger Wartung absolute Verlässlichkeit.

Quelle: Copyright Peterson Electro-Musical Products Inc. AutoStrobe™ 490 Tuner.

Kapitel 4

So geht es richtig!

4.2 Mehrere Schritte führen zum Ziel

Der nächste Schritt ist die Einstellung der Oktavreinheit. Hier muss zwischen Akustik- und E-Gitarren unterschieden werden. Wie bereits erwähnt, besitzen E-Gitarren in aller Regel einzelne Saitenreiter am Steg, mit denen die Saitenlängen kompensiert werden können. Dies ist bei Akustikgitarren normalerweise nicht der Fall, so dass bei Verwendung anderer Saitenstärken, als für den Steg vorgesehen, die Einstellung der Oktavreinheit nicht mehr ohne weiteres möglich ist. In einem solchen Fall sollte der Fachmann den Steg begutachten, oder es sollten die vorgesehenen Saitenstärken verwendet werden. Der Fachmann ist deshalb erforderlich, weil der Steg auch eine inkorrekte Position haben kann und dann ebenfalls keine Oktavreinheit eingestellt werden kann, ohne gleichzeitig andere Intervalle zu verstimmen.

4.2.1 Oktavreinheit

Die Oktavreinheit kann am 12. Bund überprüft werden. Hierzu stimmt man zunächst die Leersaiten mit Hilfe des Stimmgerätes auf die erforderlichen Tonhöhen. Nun wird jede Saite einzeln nachgestimmt, indem man ihren Oktavton am 12. Bund abgreift. Ist dieser Ton höher als der der Leersaite, muss der Saitenreiter etwas vom letzten Bund weg nach hinten verstellt werden, ist er niedriger, muss der Reiter entsprechend nach vorne korrigiert werden. Nach jeder Korrektur an einem Saitenreiter muss die Leersaite neu gestimmt werden. Dies geschieht entweder über die Mechaniken oder über die Feinstimmer auf der Brücke, falls es sich um eine E-Gitarre mit Tremolo handelt. Diesen Zyklus wiederholt man so lange, bis Leersaite und gegriffener Ton am 12. Bund übereinstimmen.

Durch wiederholtes Abstimmen der Leersaite mit dem gegriffenen Oktavton wird das richtige Verhältnis von Saitenspannung zu -länge ermittelt, um genau ein Oktavintervall von 1200 Cent für die entsprechende Saite herzustellen. Im Prinzip wird dabei nichts anderes getan, als auch die natürliche Kompensation der ansteigenden Tonhöhen beim sukzessiven Abreifen der Töne in Richtung Steg automatisch leistet: Das Verhältnis von Saitenspannung und damit Tonerhöhung zu Saitenlänge und damit Tonerniedrigung wird *prozentual* so eingestellt, dass beide Tonhöhen an einem gewollten Punkt übereinstimmen. In diesem Fall ist das der 12. Bund.

4.2.2 Sattel- und Stegposition

Die jetzt folgende Überprüfung der Oktavreinheit über das gesamte Griffbrett ist überaus wichtig, denn sie kann eine falsche Sattel- und/oder Stegpositionierung entlarven. Hierzu wird für jede Saite zunächst der Ton am 1. Bund gegriffen, danach am 13. Für E-Gitarren mit 24 Bünden kann auch der 12. mit dem 24. Bund verglichen werden, das Prinzip bleibt das gleiche: Stichprobenartig werden die Oktavabstände über das Griffbrett hinweg überprüft. Ist der Oktavton höher als der Grundton, sitzt der Sattel bei E-Gitarren mit bereits erfolgter Einstellung der Oktavreinheit zu nahe am 1. Bund. Bei Akustikgitarren ist die Analyse etwas schwieriger: Entweder der Sattel sitzt zu nahe am 1. Bund oder der Steg oder es liegen gar beide Fehler vor. Dies ist dann ein Fall für den Gitarrenbauer, falls man Wert darauf legt, die Gitarre bis in die höchsten Bünde sauber spielen zu können. Hier zeigt sich auch, wie wichtig es ist, ein Stimmgerät zu benutzen. Ohne Stimmgerät können Sie nämlich schwerlich ermitteln, ob die Oktave zu hoch oder aber der Grundton zu niedrig ist. Es hilft auch nichts, den Grundton mit demselben Ton auf einer anderen Saite zu vergleichen, denn die andere Saite kann ebenso inkonsistent gestimmt sein wie jene, die Sie gerade stimmen möchten. Und bevor Sie nicht wissen, wie es um die prinzipiellen Positionen von Sattel und Steg Ihrer Gitarre bestellt ist, sind solche Vergleiche der Eintritt in den Circulus vitiosus. Dies sind auch die Gründe, warum ein Nachmessen von Sattel- und Bundpositionen so wichtig ist.

Für eine Akustikgitarre mit lediglich zu nah am 1. Bund positioniertem Sattel gilt: Die gegriffenen Töne in Richtung Steg werden zu hoch erklingen, die in Richtung Sattel zu niedrig (der 12. Bund definiert diese Richtungsangaben). Für einen *Steg*, der zu nahe am 1. Bund sitzt, gilt: Die gegriffenen Töne in Richtung Steg werden zunehmend zu hoch erklingen, und zwar *ab dem 1. Bund*. Für Steg- oder Sattelpositionen, die *zu weit weg* von Ihren Referenzpunkten positioniert wurden, gelten dann die entsprechenden Umkehrschlüsse. Für eine Gitarre, bei der beide Positionen nicht der Mensurlänge (und damit auch den Bundpositionen) der Gitarre entsprechen, kann trotzdem die Oktavreinheit am 12. Bund eine anständig intonierte Gitarre vorgaukeln. Allerdings werden, je nach Ausmaß und Richtung der falschen Positionen, entweder die gegriffenen Töne oberhalb des 12. Bundes höher klingen und jene unterhalb tiefer oder umgekehrt. *Beide falschen Positionen können sich auch gegenseitig kompensieren*, allerdings funktioniert dies nur bis zum 12. Bund hinauf. Ab dort werden dann die gegriffenen Töne entweder zu hoch oder zu tief erklingen.

Die hier vorgetragenen Schlussfolgerungen gelten nur, wenn klar ist, dass für die betreffende Gitarre die korrekten Bundabstände vorliegen. Stimmen diese nicht, führen auch die gezogenen Schlussfolgerungen unter Umständen in die Irre. Daher ist es wichtig zu wissen, ob die in Rede stehende Gitarre überhaupt über die korrekten Bundabstände verfügt. Ein Durchmessen dieser Abstände macht also durchaus Sinn. Und damit sind wir bei unserer nächsten Betrachtung, nämlich der „Bundreinheit" für das Intonieren, angekommen.

4.2.3 Feintuning

Mit den vorangegangenen Schritten haben wir die stegseitige Kompensation der Saitensteifigkeiten in das richtige Verhältnis zu den Saitenlängen gebracht. Dies war die Einstellung der Oktavreinheit. Wir haben diese für jede Saite, unabhängig von den anderen, vorgenommen. Unter der Voraussetzung, dass die Bünde der Gitarre richtig positioniert wurden und auch der Sattel an der mathematisch berechneten Stelle sitzt, sollte die Gitarre nun über alle Bünde hinweg gemäß der gleichschwebend temperierten Stimmung intoniert sein. Dass dies indessen nur sehr selten zutrifft, haben wir bereits gesehen. Denn es müssen auch die Kerbentiefen des Sattels und/oder die Positionen der einzelnen Kerben stimmen. Allerdings werden dann zumindest große Terzen möglicherweise weiterhin dissonant klingen. Sie weichen von der reinen Stimmung um 14 Cent ab, werden aber bei fast allen Standardakkorden benötigt. Das erste Problem kann durch eine korrekt durchgeführte Sattelkompensation oder -vertiefung beseitigt werden. Alternativ dazu kann für die g-, h- oder e-Saite eine etwas dickere Variante aufgezogen werden, um das Problem zu entschärfen. Diese Maßnahme hilft außerdem, die großen Terzen in ihren Höhen beim Greifen nicht noch mehr zu steigern. Die Terzintervalle werden jedoch nach wie vor zu hoch sein im Vergleich mit der reinen Stimmung. Letztlich entscheiden, wenn wir das Zusammenspiel mit anderen Instrumenten einmal außer Acht lassen, die persönliche Hörgewohnheit und das Harmonieempfinden über das Stimmig- bzw. Nichtstimmigsein dieses Intervalls. Wegen des Einsatzes der Gitarre in zahlreichen modernen Musikstücken kann davon ausgegangen werden, dass der Hörer die Terzintervalle mittlerweile als legitimen Ausdruck innerer Stimmungen und Gefühle so in sich aufgenommen hat, dass er sie als normal empfindet. Als störend werden sie nur dann aufgenommen, wenn die Gitarre mit einem Instrument anderer Stimmung zusammenspielt. Beispielsweise ist ein Klavier in aller Regel nicht streng nach der gleichschwebend temperierten Stimmung intoniert, sondern leicht gespreizt, um die starke Verschiebung der Obertöne bei bestimmten Klaviersaiten auszugleichen. Oftmals werden auch bestimmte Oktaven nicht mehr ganz rein gestimmt.

Gehen wir jedoch davon aus, dass die Gitarre von einem Keyboard begleitet wird, dann wird dieses bei Einstellung auf die gleichschwebend temperierte Stimmung die großen Terzen ebenfalls mit +14 Cent wiedergeben. Ein Bass ebenso. Um zumindest die Quarten und Quinten perfekt aufeinander abzustimmen, ohne die großen Terzen mit zu verändern, empfiehlt sich folgende Vorgehensweise: Es werden zwei bestimmte Akkorde benutzt, die nur aus Quart- und Quintintervallen bestehen. Es handelt sich dabei um A5 sowie E5. A5 wird so gegriffen, dass nur die Töne e und a erklingen. Das e ist damit für das a die Quinte, das a für das e die Quarte. E5 wird so gegriffen, dass nur h und e erklingen. Hier ist dann das e für das h die Quarte, das h für das e die Quinte. Mit dieser Methode werden Quint- und Quartabstände der Saiten A, D, g, h und e auf ihre exakt gleichschwebend temperierten Intervalle gebracht. Denn ein Quintintervall ist dort 700 Cent groß, ein Quartintervall 500 Cent. Bei der reinen Stimmung unterscheiden sich beide Intervalle von der gleichschwebenden um jeweils 2 Cent in entgegengesetzte Richtungen: Die Quarte hat 498 Cent, die Quinte 702 Cent. Diese Diskrepanz wird mit den nachfolgend dargestellten Griffen ausgeglichen.

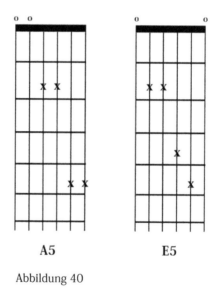

A5   E5

Abbildung 40

Die Akkorde werden so gestimmt, dass beide gleich harmonisch klingen. Dies geschieht über das Gehör und ausnahmsweise einmal nicht mit dem Stimmgerät. Dadurch werden alle als störend empfundenen Intervallabweichungen herausgemittelt und die Gitarre ist danach bis auf die tiefe E-Saite „bundrein". Mit „bundrein" ist also nicht nur gemeint, dass die Bünde einer Gitarre an der richtigen Stelle sitzen, sondern auch der Umstand, dass es eines Feintunings bedarf, damit die Saiten untereinander an allen Bundpositionen möglichst korrekte Intervalle produzieren können – neben der Oktave. Die Tonhöhenkorrekturen werden dabei nicht über die Saitenreiter am Steg verändert, sondern entweder über die Stimmmechaniken oder über die Feinstimmer. Wer größeren Wert auf die Bundreinheit der Oktaven legt als auf die Korrektheit der anderen Intervalle, dem sei folgende Methode ans Herz gelegt:

Stimmen der Leersaiten (s. unten)

Feinstimmen bestimmter Oktavabstände:

- Flageolett der A-Saite am 12. Bund anschlagen und mit dem a der g-Saite am 2. Bund vergleichen. Ist das a höher oder tiefer als der Flageolettton, an den Stimmmechaniken bzw. den Feinstimmern nachstimmen. Den genannten Flageolettton abermals anreißen und mit dem a der g-Saite am 14. Bund vergleichen. Ist das a dort höher oder tiefer als der Flageolettton, dann nachkorrigieren. Aber Achtung: Alle nicht stimmenden Töne oberhalb des 12. Bundes werden mit Hilfe der Saitenreiter am Steg nachkorrigiert. Für Besitzer von Akustikgitarren ohne diese Saitenreiter ist die Methode also nicht geeignet. Nach jeder Veränderung eines Saitenreiters muss die betreffende Leersaite neu gestimmt werden.

- Flageolett der D-Saite am 12. Bund anschlagen und mit dem d der h-Saite am 3. und 15. Bund vergleichen.

- Flageolett der g-Saite am 12. Bund anschlagen und mit dem g der e-Saite am 3. und 15. Bund vergleichen.

- Auf der tiefen E-Saite im 3. Bund das g greifen und mit der leeren g-Saite vergleichen. Danach das g auf derselben Saite im 15. Bund greifen und auch hier notfalls mit dem Saitenreiter korrigieren.

- Für die A-Saite muss nun noch das gegriffene h am 2. und 14. Bund mit der leeren h-Saite verglichen werden.

Damit sollte Ihre Gitarre bis hinauf in den 14. Bund bundreine Oktaven und annehmbare Zwischenintervalle wiedergeben. Dass dafür die Oktavreinheit am 12. Bund etwas verändert werden musste, liegt auf der Hand, kann aber verschmerzt werden.

Im Folgenden gebe ich einen Überblick über die besten Methoden, die sechs Gitarrensaiten untereinander schnell und unkompliziert zu stimmen.

Die bekannteste Vorgehensweise zum groben Einstimmen aller Saiten ist die 5/5/5/4/5-Methode. Jeder Gitarrist kennt sie, und sie ist äußerst einfach anzuwenden. Gestimmt wird zunächst das hohe oder tiefe E nach einer Referenzfrequenz. Zu beachten ist, dass das e von einer gleichschwebend temperierten Quelle stammen muss, da Sie mit einer falschen Referenzfrequenz ganz fraglos die anderen Saiten verstimmen. Dies ist auch der Nachteil dieser Methode: Stimmfehler einzelner Saiten werden an die anderen weitergegeben und können sich aufaddieren.

Eine Methode, die dies vermeidet, lässt sich wie folgt anwenden: Die hohe e-Saite wird nach Stimmgerät gestimmt. Danach wird dieses e am 5. Bund der h-Saite intoniert. Alle weiteren Saiten werden ausschließlich mit den Stimmmechaniken nachjustiert, nicht etwa mit den Saitenreitern. Es folgt das e am 9. Bund der g-Saite, dann das e am 14. Bund der D-Saite, das e am 7. Bund der A-Saite und schließlich das e am 5. Bund der tiefen E-Saite – und dieses als Flageolettton angeschlagen.

Feingestimmt werden können die Saiten jetzt, indem der Flageoletton am 5. Bund der tiefen E-Saite nach der bereits stimmig gemachten hohen e-Saite nachgestimmt wird (alles, wie bereits erwähnt, nur über die Stimmmechaniken bzw. Feinstimmer). Danach wird der Flageoletton der A-Saite am 12. Bund angeschlagen und mit dem gegriffenen a der D-Saite am 7. Bund verglichen. Gleiches gilt für das Flageolett der D-Saite und das d der g-Saite am 7. Bund. Dann das Flageolett der g-Saite mit dem g im 8. Bund der h-Saite vergleichen. Zuletzt wird das Flageolett der h-Saite am 12. Bund mit dem h am 7. Bund der hohen e-Saite verglichen. Nach dieser Feinabstimmung sollte die Gitarre gemäß der gleichschwebend temperierten Stimmung intoniert sein. Nachprüfen kann man dies, indem man die oben genannten Akkorde E5 und A5 spielt. Hören sich diese unrein an, empfiehlt sich das Einstimmen nach diesen Akkorden und nicht die Wiederholung der verschiedenen Feinstimmmethoden, die mit Flageoletttönen arbeiten.

WICHTIG: Falls Sie die Saitenlage nach dem Intonieren noch einmal ändern, müssen Sie die Einstellung der Oktav- sowie Bundreinheit wiederholen. Wie dargelegt, werden sich mit dem Verändern der Saitenlagen sowohl die Saitenspannungen als auch die Abstände der betreffenden Saiten zum 12. Bund ändern. Beide Umstände erfordern eine erneute Stegkompensation.

Kapitel 4

So geht es richtig!

4.3 Zusammenspiel mit anderen Instrumenten

Am Anfang dieses Buches habe ich Ihnen versprochen, die Methode des „Beat-Zählens" zu erläutern. Einige Gitarristen bemühen sich, die sechs Saiten dadurch zu stimmen, dass sie beispielsweise die offene E- mit der A-Saite abgleichen. Dies geschieht, indem der Gitarrenspieler – mit möglichst viel Verzerrung im Verstärker – die Schwebungen herauszuhören sucht und dann die A-Saite so einstellt, dass diese verschwinden. Schwebungen sind periodisch sich ändernde Lautstärken der Saiten relativ zueinander. Ziel ist es also, die Schwebungen zu beseitigen, doch was dabei herauskommt, ist dasselbe wie bei der 5./7.-Flageolettmethode: Die hohe e-Saite wird am Ende, wenn es überhaupt gelingen sollte, die Schwebungen exakt wegzubekommen, um 21,5 Cent zu tief gestimmt sein. Das heißt im Umkehrschluss, dass es normal ist, wenn die Leersaiten zueinander gewisse Schwebungen aufweisen. Denn auch die Leersaiten müssen nach der gleichschwebend temperierten Stimmung intoniert werden. Folgende Schwebungen sind für diese erforderlich:

Leersaite	E	A	D	g	h	e
Intervall zur nächst-höheren Saite	Quarte	Quarte	Quarte	große Terz	Quarte	
Beats zur nächst-höheren Saite	0,3/Sekunde	0,5/Sekunde	0,6/Sekunde	8/Sekunde	1/Sekunde	

Abbildung 41

Die obigen Werte stammen von Paul Guy, einem Gitarrentechniker mit Fender Gold-Zertifikat. Wie man sehen kann, ist es äußerst diffizil, mit der Methode des Beat-Zählens die Saiten untereinander stimmig zu machen. Beim gegenseitigen Stimmen zweier Saiten müssen zwar immer die Obertöne beider Schwingungen in die richtige Tonhöhe gebracht werden, dies sollte man aber lieber in unverzerrtem Zustand tun. Ein Verzerrer verzerrt nämlich, wie der Name schon sagt, diese Obertöne etwas, und das Ergebnis wird in aller Regel alles andere als zufriedenstellend sein.

Im Zusammenspiel der Gitarre mit anderen Instrumenten, beispielsweise dem Bass, können erneut Schwebungen das Musizieren stören, wenn der Bassist sein Instrument gestimmt hat, ohne die Beats in der obigen Tabelle beseitigt zu haben. Hat er das, dann sind die offenen Saiten sowohl von Gitarre als auch Bass in der reinen Temperierung – die Bundabstände jedoch nicht. Die Folge ist, dass es keine übereinstimmenden Intervallgrößen beim Greifen verschiedener Akkorde geben wird. Bass und Gitarre mögen jetzt zwar bezüglich ihrer Leersaiten miteinander stimmig sein, in sich stimmig sind die Instrumente für sich jedoch nicht mehr und auch das Zusammenspiel mit anderen Instrumenten wie beispielsweise dem Klavier oder einem Akkordeon wird zum Problemfall.

Gute Keyboards können bequem von einer Stimmung in die andere umgeschaltet werden, was ein wahrer Vorteil für das Zusammenspiel ist. Klaviere hingegen weichen in den oberen und unteren Oktaven in der Regel von der gleichschwebend temperierten Stimmung ab. Diese Instrumente werden mit einer gewissen Spreizung zwischen den hohen und tiefen Oktaven gestimmt. Glücklicherweise ist diese Spreizung jenseits des Oktavumfanges einer Gitarre am größten, innerhalb desselben kann der Unterschied aber durchaus bis zu 5 Cent betragen. Die hohe e-Saite der Gitarre stimmt jedoch mit dem korrespondierenden Ton auf dem Klavier überein. Daher kann man auch in Zukunft den Klavierspieler um das hohe e als Referenzfrequenz bitten – vorausgesetzt das Klavier ist richtig intoniert! Trotzdem ist es so, dass Klavier und Gitarre niemals perfekt aufeinander abgestimmt werden können. Das Klavier braucht die gespreizte Stimmung, um in sich konsistent zu klingen. Die Gitarre wiederum benötigt dafür die gleichschwebende Temperierung. Beide Instrumente können daher nicht über ihre gesamten Oktavumfang hinweg übereinstimmen.

Das Zusammenspiel einer Gitarre mit unbundierten Instrumenten ist problemlos möglich. Freilich nur unter der Voraussetzung, die Spieler dieser Instrumente treffen die richtigen Töne der gleichschwebend temperierten Stimmung. Eine Violine beispielsweise verfügt über kein bundiertes Griffbrett und ist daher nicht gerade einfach zu spielen.

Als Referenzfrequenz zum Stimmen wird üblicherweise der internationale Kammertonstandard benutzt. Er ist definiert als das eingestrichene a' mit 440 Hz. Auch Orchester nutzen die 440 Hz als Orientierung (weichen aber oftmals bewusst aus vielerlei Gründen ein wenig davon ab). Zu finden ist dieses a' auf dem 5. Bund der hohen e-Saite.

Bildnachweis

Der Quellennachweis für ganzseitige Abbildungen ist bindungsseitig gedruckt.

Die folgenden Abbildungen stehen unter Wikimedia Creative Commons Lizenzschutz wie aufgeführt:

Abbildungen 1, 10, 14, 17, 21, 27 und Abb. „Quintenzirkel" (Buchcover) unter GNU-Lizenz für freie Dokumentation, CC BY-SA 3.0, Attribution Share Alike 3.0, Unported. Lizenzvertrag einsehbar unter http://www.creativecommons.org/licenses/by-sa/3.0/legalcode.

Abbildungen 2, 3, 4, 6, 7, 18, 22, 23, 24, 25, 26, 31, Seiten 53, 57 unter GNU-Lizenz für freie Dokumentation, CC BY-SA 2.0, Attribution Share Alike 2.0, Unported. Lizenzvertrag einsehbar unter http://www.creativecommons.org/licenses/by-sa/2.0/legalcode.

Abbildungen 5 und 19 unter GNU-Lizenz für freie Dokumentation, CC BY-SA 2.5, Attribution Share Alike 2.5, Generic. Lizenzvertrag einsehbar unter http://www.creativecommons.org/licenses/by-sa/2.5/legalcode.

Abbildungen 11, 28, 30, 34, Seiten 13, 61, 65, 73, 93 und Abb. „Ovation 1" (Buchrückseite) unter GNU-Lizenz für freie Dokumentation, CC BY 2.0, Attribution Unported. Lizenzvertrag einsehbar unter http://www.creativecommons.org/licenses/by/2.0/legalcode.

Abbildung 15 unter GNU-Lizenz für freie Dokumentation, CC BY-SA 2.0, Attribution Share Alike 2.0, Germany. Lizenzvertrag einsehbar unter http://www.creativecommons.org/licenses/by-sa/2.0/de/legalcode.

Abbildung 33 unter GNU-Lizenz für freie Dokumentation, Version 1.2. Lizenzvertrag einsehbar unter http://www.commons.wikimedia.org/wiki/Commons:GNU_Free_Documentation_License_1.2.

Abbildungen 8, 9, 16, 20, 29, 32 und 35: © Mit freundlicher Genehmigung von Patrice Vigier, Mark Hopkin, Volkhard Hingst, Heiko Kinzel, Jay Dickinson und Mark Adamenko

Seiten 77 und 89: © Mit freundlicher Genehmigung von Michele Benincaso, www.benincaso.com, Seite 81: © Mit freundlicher Genehmigung von Peterson Electro Musical Products Inc.

Index

Danksagung

Ich danke allen, die mir die Erlaubnis zum Abdruck ihrer Bilder erteilt und damit maßgeblich zur Verbesserung dieses Buches beigetragen haben. Auch danke ich der Wikimedia Commons Organization für die Überlassung von Bildmaterial zu dokumentarischem Zweck. Weiter gilt mein Dank insbesondere Michele Benincaso bei jam.se für die hochauflösenden Fotografien seiner Gitarrenmodelle und für sein Interesse an meinem Buch wie auch Jay Dickinson für die reiche Auswahl an Aufnahmen seiner Split Saddle Bridge, die er mir zu Verfügung gestellt hat und Mark Adamenko, Patrice Vigier, Robyn A. Orsini, Volkhard Hingst, Mark Hopkin, Heiko Kinzel, Patrick Bovenizer und Caryn Kay von Peterson Inc. für deren freundliche Genehmigung zum Abdruck ihrer Bilder.

Ich danke Karsten Görbig von der Gitarrengalerie Bremen für die geduldige Beantwortung meiner Mailanfragen und seine sachkundigen Auskünfte, Peter Finger vom Acoustic Music Verlag in Osnabrück für sein Projektinteresse und Heinz Rebellius für das Überlassen eines Artikels von Helmut Grahl aus dem Fachmagazin Gitarre & Bass. Meinem Vater möchte ich für das Korrekturlesen meines Manuskriptes ganz herzlich danken, seine Vorschläge waren mir wertvoll. Den Mitarbeitern der Gitarrenabteilung im Soundland Fellbach gilt mein Dank für deren freundliche Beratung und Auskunft bezüglich technischer Belange und für die Geduld während meines notorischen Antestens zahlreicher Gitarrenmodelle.

Stefan Weckbach

CPSIA information can be obtained
at www.ICGtesting.com
Printed in the USA
BVHW010553190820
586792BV00004B/26

9 783732 231386